GAZETA MERCANTIL

A trajetória do maior jornal de economia do país

Conselho Acadêmico
Ataliba Teixeira de Castilho
Carlos Eduardo Lins da Silva
Carlos Fico
Jaime Cordeiro
José Luiz Fiorin
Tania Regina de Luca

Proibida a reprodução total ou parcial em qualquer mídia
sem a autorização escrita da editora.
Os infratores estão sujeitos às penas da lei.

A Editora não é responsável pelo conteúdo deste livro.
A Autora conhece os fatos narrados, pelos quais é responsável,
assim como se responsabiliza pelos juízos emitidos.

Consulte nosso catálogo completo e últimos lançamentos em **www.editoracontexto.com.br**.

GAZETA MERCANTIL

A trajetória do maior jornal de economia do país

CÉLIA DE GOUVÊA FRANCO

Copyright © 2024 Insper Instituto de Ensino e Pesquisa

Todos os direitos desta edição reservados à
Editora Contexto (Editora Pinsky Ltda.)

Montagem de capa
Gustavo S. Vilas Boas

Diagramação
Cumbuca Studio

Preparação de textos
Ana Paula Luccisano

Revisão
Bia Mendes

Dados Internacionais de Catalogação na Publicação (CIP)

Franco, Célia de Gouvêa
Gazeta Mercantil : a trajetória do maior jornal
de economia do país / Célia de Gouvêa Franco. –
1. ed., 1ª reimpressão. – São Paulo : Contexto, 2024.
176 p.

Bibliografia
ISBN 978-65-5541-534-6

1. Jornalismo – Brasil – História
2. Jornal Gazeta Mercantil – História
3. Comunicação em massa
I. Título

24-4171 CDD 070.4

Angélica Ilacqua – Bibliotecária – CRB-8/7057

Índice para catálogo sistemático:
1. Jornalismo – Brasil – História

2024

Editora Contexto
Diretor editorial: *Jaime Pinsky*

Rua Dr. José Elias, 520 – Alto da Lapa
05083-030 – São Paulo – SP
PABX: (11) 3832 5838
contato@editoracontexto.com.br
www.editoracontexto.com.br

Para Celso. E para Pedro, Lina,
David, Luis, Mariana e Anna.

Sumário

Apresentação, 9
CARLOS EDUARDO LINS DA SILVA

Prefácio, 12

Os princípios, 15

De boletim mimeografado a jornal importante, 18

A família na política, 23

O início da "revolução", 26

Sucesso editorial, 32

Um novo modelo, 46

Os jornalistas, 54

Os bancos, 61

Porta-voz dos empresários, 66

E os trabalhadores?, 77

Detalhes que faziam diferença, 82

Relações com Brasília, 87

Expansão, 93

Crise financeira: as razões, 108

Tentativas de contornar a crise, 124

A *Gazeta* à venda, 139

Reação dos funcionários, 145

O fim, 152

Uma foca na *Gazeta*, 160

NOTAS, 168
BIBLIOGRAFIA, 172
AGRADECIMENTOS, 174

Apresentação

Reconstituir a história de veículos jornalísticos, bem como examiná-la, pode ser de grande ajuda para a reflexão sobre como o jornalismo opera na atualidade, quais são seus valores, suas melhores práticas, seus eventuais problemas.

Infelizmente, produções desse tipo são pouco numerosas no Brasil. Este livro é uma importante contribuição para as pessoas que atualmente fazem jornalismo que cobre economia, finanças e negócios.

A História é uma disciplina que pode nos oferecer pistas sobre como as práticas do presente são do jeito que são e iluminar os caminhos para o futuro. Todos trabalhamos a partir de uma herança. Quanto mais bem nós a conhecermos, maiores as chances de aperfeiçoar o trabalho de agora e o que ainda virá.

A História também pode nos prover com um senso de identidade. Por meio dela, compreendemos como grupos sociais de que somos parte se formaram, como se desenvolveram com o tempo e chegaram ao presente.

A *Gazeta Mercantil* foi a grande escola dessa especialização profissional no país. Na *Gazeta*, trabalharam diversos chefes de redação, editores, repórteres que, depois dela, foram para outros veículos e, neles, ajudaram a formar novas gerações de jornalistas que agora desempenham essas funções.

Ela estabeleceu padrões de qualidade até então inexistentes no jornalismo que lidava com a economia no Brasil. Durante pelo menos 35 anos (de 1974, quando seus proprietários ambiciosamente a transformaram de um mero boletim de informações em um jornal comparável aos melhores de seu gênero no mundo, a 2009, quando deixou de circular), ela foi referência para todos que se interessavam por assuntos de economia.

Empresários, políticos, acadêmicos, governantes, todos precisavam ler a *Gazeta* diariamente para tomar decisões, compreender melhor o país, seus próprios negócios, o mundo.

Esse processo ocorreu concomitantemente (decerto, não por acaso) a grandes mudanças na economia nacional, documentadas e analisadas em suas páginas, das quais a *Gazeta* também se beneficiou ou se prejudicou.

Um dos grandes méritos deste livro é a descrição arguta e detalhada que faz de como a *Gazeta* construiu e solidificou seu prestígio, e de como ela se deixou desmoronar, a ponto de ter o final melancólico que teve.

Essa descrição revela muito de virtudes e vícios que caracterizaram a maneira pela qual o negócio do jornalismo operou no Brasil nesse período, que foi o apogeu da indústria jornalística, cujo modelo entrou em crise (não só aqui, mas também em quase todo o mundo ocidental) no final do século passado.

O livro é uma grande reportagem, feita por uma excelente jornalista que viveu o objeto de sua investigação histórica durante sua melhor fase. Tem, portanto, o valor de um testemunho real.

Para realizá-lo, a autora fez uma pesquisa metódica, que incluiu dezenas de entrevistas com personagens centrais de todo o processo, a leitura de livros e trabalhos que lidaram com o tema, além de uma busca extensiva da coleção do jornal em bibliotecas e arquivos públicos.

Os modos de fazer jornalismo e ciência são, claro, muito diferentes, mas têm similaridades. Ambos, por exemplo, partem de hipóteses (que, no jornalismo, são chamadas de pautas) e exigem investigação metódica da realidade.

Entre as grandes diferenças, estão o tempo que dura cada investigação (muito maior na ciência) e o grau de rigor da metodologia aplicada (idem). No caso de grandes reportagens, como neste, essas diferenças diminuem.

Este trabalho é produto realizado sob os auspícios do Núcleo Celso Pinto de Jornalismo, instituído pelo Insper (Instituto de Ensino e Pesquisa), em maio de 2021, a partir do diagnóstico de que a indústria do jornalismo como um todo, inclusive a que trata de economia, negócios e finanças, passa por crise estrutural grave, provocada por desafios impostos pela concorrência trazida pela universalização da internet e das plataformas das redes sociais.

Um dos eixos de ação do Centro é o da preservação da memória, no qual se encaixa este projeto, com o reconhecimento da importância do conhecimento histórico para o aprimoramento do ofício jornalístico.

O Centro é batizado em homenagem a Celso Pinto (1953-2020), considerado por muitos o principal jornalista brasileiro de sua geração na área de economia e finanças, criador e diretor do *Valor Econômico* e, antes, repórter, colunista e correspondente da *Gazeta Mercantil* e da *Folha de S.Paulo*.

Carlos Eduardo Lins da Silva

Prefácio

Esta é a história do crescimento, do apogeu e da decadência de um jornal que foi símbolo do jornalismo econômico de qualidade no Brasil durante três décadas e meia: de 1974, quando os controladores decidiram transformar o que era então apenas um boletim em uma publicação influente, até o dia 1º de maio de 2009, quando parou de circular. A *Gazeta Mercantil* tinha quase 90 anos, mas o período em que realmente fez diferença no país foram esses 35 anos, nos quais seu papel se misturou profundamente com os negócios, o sistema financeiro, o mundo da política, de tal forma que sua história pode ser entendida como espelho do período em que o Brasil passou por profundas transformações, a começar pela mudança de ditadura militar para democracia.

O reconhecimento da importância da *Gazeta Mercantil* no mercado brasileiro de notícias não se deveu como a explosão de uma estrela. Ao contrário, foi sendo conquistado aos poucos. Em 1974, a família que controlava o jornal, chefiada pelo deputado federal e empresário Herbert Levy, decidiu investir no que era até então um boletim diário, mas muito modesto. No início dos anos 1970, a redação compunha-se de 6 jornalistas e cada 1 deles editava uma página sobre determinado assunto. No fim da década de 1990, menos de 30 anos depois, eram cerca de 600 jornalistas, com sucursais em quase todos os estados brasileiros. Mais do que os números indicam, o prestígio da *Gazeta* era enorme. Empresários, banqueiros, operadores do mercado financeiro, economistas, ministros, além do alto escalão dos governos federal, estaduais e municipais, gerentes de companhias do setor privado se sentiam "obrigados" a ler o jornal para estarem a par do que acontecia no mundo dos negócios e em Brasília.

Ao longo de três décadas, desde 1974 até meados dos anos 1990, a *Gazeta* ganhou destaque também fora do país, graças à confiabilidade das informações que divulgava. O investimento em uma equipe de jornalistas tarimbados e de jovens repórteres promissores deu muito certo ao serem criadas regras de apuração das notícias e de escrita do material. Um exemplo do reconhecimento internacional foi a concessão, em 1987, do prêmio Maria Moors Cabot, a mais antiga distinção para empresas jornalísticas e jornalistas, atribuída a Luiz Fernando Levy, filho de Herbert e quem efetivamente comandou administrativamente a *Gazeta* a partir de 1974, e a dois dos seus jornalistas, entre eles, Roberto Müller Filho.

A operação do jornal e dos outros produtos editoriais foi rentável durante boa parte da sua existência. A *Gazeta* era, de longe, a publicação no país que mais atraía a publicidade legal – a publicação de balanços e de outros informes legais, como convocação de assembleias pelas empresas de capital aberto. Anuários, como o *Balanço Anual*, atraíam centenas de páginas de anúncios.

A família Levy, por sua vez, tinha uma plêiade de negócios em vários setores da economia, com destaque para uma participação relevante no Banco Itaú, resultado da fusão com o Banco da América. Suas empresas atuavam em segmentos muito diversificados, como corretora de valores e reflorestadora, além de fazendas.

Apesar disso, a *Gazeta* acabou sendo fechada em 2009, em meio a uma grave crise financeira, depois de ter passado por muitas tentativas de equacionar esses problemas, que incluíram sistemáticos atrasos de salários; não pagamento do aluguel do prédio onde funcionava a empresa anos a fio; sonegação de impostos; e uma extensa lista de processos judiciais contra a companhia, seus controladores e alguns dos seus dirigentes. Entre as medidas que foram adotadas para tentar contornar as dificuldades, provavelmente a mais agressiva foi o "aluguel" da marca para o empresário Nelson Tanure. Várias vezes a empresa levantou recursos recorrendo a fundos de pensão e a empréstimos bancários, e tentou vender uma participação no seu capital.

Essas iniciativas na área financeira não deram certo e o jornal, que era o símbolo do capitalismo moderno no país e defendia a iniciativa privada nos editoriais, sucumbiu. O propósito deste livro é contar essa história de sucesso e o fim lamentável, que deixou sequelas no jornalismo e traumas entre os funcionários da empresa.

O livro deve muito a dois jornalistas de fundamental importância para a *Gazeta Mercantil*. Roberto Müller Filho foi chamado pela família Levy para reestruturar o jornal em 1974, e foi sob sua tutela que a *Gazeta* cresceu e se tornou importante. Müller concedeu mais de duas dezenas de entrevistas para mim ao longo dos anos de 2021, 2022 e 2023, e indicou com quem mais eu deveria conversar. Matías M. Molina, que foi a força motriz na redação e estabeleceu critérios de trabalho para dezenas de jornalistas de economia, entre outros feitos, conversou comigo ao menos dez vezes nesse período.

Trabalhei na *Gazeta* por 20 anos e tive o privilégio de aprender muito com os dois, a quem sou grata. Como se verá a seguir, diferentemente do tratamento dado a outros entrevistados, não indiquei a data das informações repassadas por Müller e por Molina, porque voltamos aos temas em diversas conversas. Lamentavelmente, Müller faleceu no dia 5 de junho de 2024, antes, portanto, de este livro vir a público. Outro jornalista que contribuiu para a formação da *Gazeta*, Glauco Antonio de Carvalho, também morreu, em maio de 2024.

A lista dos entrevistados – jornalistas e não jornalistas – está no fim do livro com os meus agradecimentos pela generosidade com o tempo e a memória. Algumas pessoas repartiram suas informações sobre a *Gazeta*, mas preferiram não ser citadas – a elas também agradeço.

E fica o aviso de que esta é a história da *Gazeta Mercantil* segundo a minha perspectiva. Como muitos especialistas atestam, História não é apenas um registro puro e simples dos fatos – a seleção do material, a organização em forma de narrativa e a escolha da forma como se relatam esses fatos fazem toda a diferença. A seleção do que é incluído em um livro é inevitável. Não seria possível relatar tudo o que aconteceu em determinado período. Como eu participei da história da *Gazeta* por 20 anos, era inevitável que a minha experiência influenciasse o livro, que encaro como uma reportagem. Espero que outras pessoas também aceitem o desafio de contar suas histórias sobre o jornal.

Os princípios

À s vésperas da posse de Fernando Collor como presidente da República, em março de 1990, era enorme a expectativa entre empresários e no mercado financeiro quanto às diretrizes do novo governo, pois se esperava que sua equipe econômica anunciaria um plano ousado de combate à inflação, que tinha chegado a 1.972% no ano anterior. As previsões eram que seriam adotadas medidas que teriam grande repercussão na vida do país, afetando a rotina de empresas e trabalhadores. Era gigantesca a curiosidade sobre o que seria anunciado – ainda mais que pouco se conhecia sobre o que pensava a economista Zélia Cardoso de Mello, escolhida ministra da Economia por Collor, que também era relativamente pouco conhecido. Collor foi eleito por um partido nanico, o Partido da Reconstrução Nacional (PRN), cujos princípios na área de economia eram difusos. Temia-se o congelamento ou o confisco da poupança, uma ideia que era atribuída às campanhas eleitorais do próprio Collor e de dois outros candidatos à presidência, Luiz Inácio Lula da Silva, do Partido dos Trabalhadores (PT), e Ulysses Guimarães, do Partido do Movimento Democrático Brasileiro (PMDB).

Foi nesse contexto que o então diretor de redação da *Gazeta Mercantil*, Roberto Müller Filho, chamou um jornalista sediado em São Paulo, José Casado, e lhe disse que Casado deveria viajar para Brasília para ajudar a sucursal na cobertura da posse de Collor, principalmente na investigação do que seria o novo plano econômico. A novidade é que ele e outra jornalista da *Gazeta*, a então editora Cláudia de Souza, iriam para a capital federal num jatinho que tinha sido alugado pelo jornal, algo totalmente fora dos padrões da empresa, que não era conhecida por gastos considerados supérfluos como esse. Müller tratou logo de explicar que o importante no caso não era levar os jornalistas para Brasília; a missão principal do avião era trazer as cópias dos decretos que regulariam a economia brasileira para São Paulo, onde ficava a sede do jornal, o mais rapidamente possível, de forma que esses documentos fossem publicados, na íntegra, no dia seguinte à sua divulgação.[1]

E assim foi feito. O jatinho ficou estacionado alguns dias no aeroporto de Brasília, como contou Casado, até o anúncio do pacote econômico que, de fato, congelou os depósitos bancários que ultrapassassem 50 mil cruzeiros novos (o equivalente, em março de 2023, a pouco mais de R$ 40 mil, aplicando-se a correção do IGP-M – Índice Geral de Preços-Mercado).

Segundo Müller, foi ele mesmo quem conseguiu as íntegras de decretos e de outros textos legais baixados pela equipe do presidente Collor, que foram transportados, então, pelo avião fretado para São Paulo. A *Gazeta* publicou a íntegra desses documentos no dia seguinte e, como Müller se lembra, a partilha de jornais mandada para as bancas se esgotou rapidamente.[2]

Empresários, economistas, contadores, advogados, banqueiros, o conjunto dos leitores da *Gazeta Mercantil*, todos queriam saber com exatidão o que as novas leis previam, já que os próprios autores das medidas, notadamente a ministra Zélia, tiveram dificuldades em explicar, no momento do anúncio do pacote, os detalhes da sua aplicação e as consequências práticas das novas resoluções para o cidadão comum, bem como para as empresas e os bancos.

Este é um exemplo extremo de como a equipe de jornalistas que chefiou a *Gazeta Mercantil* durante os anos de maior prestígio do jornal encarava o que era considerado um objetivo prioritário: abastecer os leitores de informações corretas e detalhadas o mais rapidamente possível, um diferencial jornalístico crucial na fase pré-internet. Foi a partir dos anos de 1973/74, quando a *Gazeta* já tinha décadas de existência desde a fundação em 1920, que uma "parceria" entre seus donos, a família Levy, capitaneada pelo patriarca, o político de ideias conservadoras, banqueiro e empresário Herbert, e um time de jornalistas, em sua maioria de esquerda ou centro-esquerda, montado por Roberto Müller, construiu o jornal que seria um marco na cobertura diária de assuntos de economia, finanças e negócios do país – e, mais para a frente, também de política.

Um diário de enorme prestígio, presidido e administrado por um dos filhos de Herbert, Luiz Fernando, que acabou fechando as portas depois de anos de problemas financeiros muito sérios. Paradoxalmente, um jornal que tratava de finanças e negócios acabou sufocado pela forma como sua direção administrou exatamente as áreas financeira e de negócios.

De boletim mimeografado a jornal importante

A história do uso do jatinho para apressar a publicação de informações ocorreu depois da transformação por que passou o jornal na década de 1970. Durante quase meio século, desde a década de 1920, quando foi fundada, até 1973, a *Gazeta Mercantil* era apenas um boletim que circulava entre relativamente poucos leitores, com informações sobre o então incipiente mercado financeiro e sobre preços de matérias-primas. Mais precisamente, durante esse período, a *Gazeta* publicava relação das falências, títulos protestados e dados sobre importação, além de informes sobre a Bolsa de Valores (a Bolsa do Rio foi criada em 1820, a de São Paulo, em 1890, mas os volumes de negócios só passaram a ser expressivos nos anos 1960).

A *Gazeta* era um dos muitos negócios da família Levy, comandada pelo empresário, fazendeiro e deputado Herbert Levy. E era pouco importante para a família até a "revolução" iniciada em 1973 para transformá-la em um jornal importante – tanto que na sua biografia, *Viver é lutar*, Herbert Levy cita menos de dez vezes o jornal. Um dos principais negócios dos Levy era uma empresa de reflorestamento, um empreendimento que acabou trazendo muitos problemas e prejuízos financeiros, além de um banco.

No seu livro, Herbert Levy não detalhou as razões para a sua decisão – em conjunto com um dos filhos, Luiz Fernando – de investir na *Gazeta* na década de 1970. "Resolvemos transformar o até então boletim mimeografado em um jornal econômico moderno e completo." Para isso, ainda segundo sua biografia, Herbert e a família aportaram cerca de US$ 7 milhões (aproximadamente R$ 15 milhões em valores de 2023).[3]

Provavelmente, a percepção de que havia crescente interesse em informações econômicas da parte dos brasileiros influenciou na decisão da família. Além disso, começaram a ficar evidentes os bons resultados em termos de vendas e de prestígio junto a políticos e empresários, alcançados por algumas publicações voltadas para a economia e os negócios, como as chamadas revistas técnicas da editora Abril – e outras, como *Expansão* e *Visão*.

A *Gazeta Mercantil* tinha sido fundada em 1920 pelo empresário de origem italiana José Francesconi com o nome de *Gazeta Mercantil Comercial e Industrial*. Antes de ser comprada por Herbert Levy, o jornal ainda passou pelas mãos de Pietro Pardini.[4] A família Levy já publicava diariamente o *Boletim Comercial Levy*, desde 1929, e a *Revista Financeira Levy*, desde 1933. As duas publicações foram criadas para tentar atender aos clientes das corretoras controladas pela família Levy – Herbert e seus irmãos, notadamente Percy. A fusão dos dois boletins com a publicação criada por Francesconi foi a semente da *Gazeta*. Durante as décadas seguintes, pouco se fez para mudar o acanhado boletim.

Contudo, isso mudou no início da década de 1970, quando o país vivia uma fase de expansão econômica. Em 1973, o Brasil era governado pelo general Emílio Garrastazu Médici, que foi presidente do país entre outubro de 1969 e março de 1974. A ditadura militar implantada em 1964 atingiu seu auge na repressão a opositores durante a primeira metade do decênio. O Ato Institucional n. 5 (AI-5) vigorou por quase todo o período, assim como o sistema bipartidário, com a Aliança Renovadora Nacional (Arena) dando sustentação ao governo e o Movimento Democrático Brasileiro (MDB) na oposição. O cenário econômico era considerado favorável para negócios – era a fase do que foi depois batizado de milagre econômico. O Produto Interno Bruto (PIB) crescia aceleradamente, enquanto a inflação caiu de 25% anuais para 15%. No ano de 1973, especificamente, o PIB teve um aumento de 14%.

Esse era o panorama quando a família Levy resolveu apostar na reestruturação da *Gazeta Mercantil*. Era uma família rica, com muitas propriedades. Segundo listagem do Centro de Pesquisa e Documentação da FGV,[5] Herbert Levy, o patriarca do clã, fundou o Escritório Levy e a Herbert Levy Corretora de Valores Mobiliários, e controlava empresas na área de agronegócio, como a Reflorestadora Sacramento, e de fazendas, como a Romaria (no município mineiro de mesmo nome), dedicada à produção de soja e algodão. Ele também foi diretor de várias empresas – entre as quais, a Sociedade Algodoeira do Nordeste Brasileiro (Sanbra), a Sunbeam do Brasil Anticorrosivos e a Companhia Itaú Fertilizantes.

De maior relevância financeira e de maior prestígio do que o restante das suas empresas e cargos, Herbert Levy foi por quase três décadas controlador do Banco da América, comprado por ele na década de 1940. Durante os pouco menos de 20 anos em que foi comandado pelos Levy, o banco era considerado bem administrado – um relatório do Banco Itaú, que comprou o Banco da América, informa que era:

> [...] uma referência de eficiência no ramo. Com sede no tradicional Edifício Martinelli, à rua São Bento, 413, tratava-se do banco paulista com maior número de agências urbanas, em geral instaladas em bairros de classe média e alta, e voltado para clientela de elite. O América introduzira a agência drive-in, onde se podia operar o caixa do interior do automóvel. Além disso, tinha uma administração singular, com participação dos funcionários na empresa, a presença de uma comissão de bancários que se reportava diretamente à diretoria, oferecendo inclusive empréstimos subsidiados.[6]

O Banco da América foi vendido em 1969 para o que é hoje o Itaú, que, na época, chamava-se Banco Federal Itaú Sul-Americano S.A. Depois da venda, a família Levy teria ficado com cerca de 8% do Itaú, segundo informações de pessoas que trabalhavam no período como dirigentes do mercado financeiro. Outras fontes dizem que a família teria mais do que isso, em torno de 10% do novo banco. Essa participação no capital do banco e acertos feitos com os controladores do Itaú garantiram a Herbert Levy um lugar no seu conselho de administração até 1986.

Os dados disponíveis no Banco Central (BC) sobre a participação da família Levy no capital do Banco Itaú só se referem ao período a partir da década de 1980. A área técnica do BC informou, por meio da sua assessoria de imprensa, que, em 1980, Herbert Levy detinha 0,28% das ações com direito a voto e 0,11% sem direito a voto no Itaú, além de uma participação mais significativa na *holding* Investimentos Itaú, a maior acionista do banco. Um dos filhos de Herbert, Luiz Carlos Levy, também teve participação no capital do Itaú, onde foi diretor por muitos anos, chegando a ser vice-presidente. (Veja no fim deste capítulo tabela com o detalhamento das participações dos Levy no Banco Itaú, segundo informações do Banco Central.)

Podem parecer participações modestas no capital do banco, mas foram suficientes para garantir que Herbert fosse não apenas membro do conselho de administração do Itaú, mas também seu presidente, de maio de 1979 a junho de 1983. Depois disso, ele continuou como conselheiro entre 1984 e 1986. Luiz Carlos Levy, por sua vez, fez parte também do conselho de administração, foi diretor do banco por dois anos e vice-presidente, entre 1981 e 1986.

Outra informação relevante disponibilizada pela assessoria do Banco Central é que a participação da família Levy no Itaú foi gradualmente diminuindo. Depois de 17 de outubro de 1986, Herbert e Luiz Carlos não aparecem mais como acionistas diretos da instituição financeira.

Tomando como base o valor de mercado do Itaú Unibanco (R$ 249,96 bilhões em agosto de 2023), uma participação de 0,28% do capital equivaleria a cerca de R$ 700 milhões (ou R$ 699,9 milhões para ser mais preciso). Ou seja, só as ações da família no banco, considerando apenas esses 0,28%, já a colocariam como rica.

Gazeta Mercantil

A família Levy e o Itaú

Participação no capital, em %		
30/4/1980	Herbert Victor Levy	0,28
	Luiz Carlos Ferreira Levy	0,10
26/7/1982	Herbert Victor Levy	0,25
	Luiz Carlos Ferreira Levy	0,07
30/9/1982	Herbert Victor Levy	0,25
	Luiz Carlos Ferreira Levy	0,06
21/11/1983	Herbert Victor Levy	0,19
	Luiz Carlos Ferreira Levy	0,04
26/11/1984	Herbert Victor Levy	0,19
	Luiz Carlos Ferreira Levy	0,00

Fonte: Banco Central do Brasil.

A família na política

Além de empresário e banqueiro, Herbert Levy (nascido em 1911 e falecido em 2002) foi também político – seu principal cargo nessa esfera foi o de deputado federal, por 40 anos (entre 1947 e 1987). Foi bastante ativo no movimento que reuniu políticos e empresários contra o governo João Goulart e apoiou o golpe militar de 1964. Em entrevista ao jornal *O Globo* em janeiro de 1977, citada pelo verbete sobre o deputado no Centro de Pesquisa e Documentação de História Contemporânea do Brasil (CPDOC) da Fundação Getulio Vargas (FGV), Herbert Levy esclareceu sua participação nas articulações conspiratórias contra o governo Goulart, às vésperas do movimento de 1964. Declarou haver sido o "conspirador-mor da Revolução de

1964" em São Paulo, tendo dado a palavra de ordem para a deflagração do movimento em Minas Gerais.[7]

Antes de se candidatar a algum cargo na política, ainda em 1927, teve uma experiência como jornalista, em três jornais: *São Paulo Jornal*, *Diário da Noite* e *Diário Nacional*, escrevendo principalmente sobre esportes. No seu livro,[8] Herbert Levy dedica poucas páginas a essas experiências jornalísticas, deixando claro que o que lhe interessava mesmo era a política, bem como o salário pago pelas publicações, melhor do que em outras atividades que ele exerceu naquela época, como tradutor de roteiros de filmes – ele acumulava vários empregos no início da sua vida profissional. Segundo ele, o *Diário Nacional* foi lançado em 1928 como órgão de imprensa do Partido Democrático de São Paulo, a que ele se filiou. O *São Paulo Jornal* também era vinculado à política, ao Partido Republicado Paulista (PRP), como informa o CPDOC da FGV. O PRP foi fundado em 1873 e se constituiu no principal partido da República Velha, tendo sido extinto com o Estado Novo, em 1937. Não foi possível localizar trabalhos jornalísticos atribuídos a Herbert Levy numa pesquisa na Biblioteca Nacional, em julho de 2023.

Partidário da Aliança Liberal, Herbert apoiou, em 1930, o movimento que destituiu o presidente Washington Luís e colocou Getúlio Vargas na chefia do governo provisório. Com o retorno ao regime presidencialista, decidido através de um plebiscito nacional em janeiro de 1963, Levy intensificou sua ação contra o governo Goulart, tanto no interior do Congresso como em atividades extraparlamentares. Membro da Ação Democrática Parlamentar (ADP), bloco interpartidário surgido no primeiro semestre de 1961 para combater a infiltração comunista na sociedade brasileira, em 1963 Levy participou de uma série de discussões no Congresso, nas quais sempre se mostrou contrário às iniciativas reformistas preconizadas pelo Executivo. Em maio, debatendo a reforma agrária com o deputado Paulo de Tarso Santos, do Partido Democrata Cristão (PDC) de São Paulo, considerou demagógica a defesa das pressões populares feitas pelo seu oponente, que apoiava as reformas agrária e constitucional.

Sua longa jornada como deputado federal foi marcada por muitas disputas políticas, com figuras de grande destaque da vida nacional na época, comentadas pelo próprio Herbert no seu livro *Viver é lutar*. Ficaram bastante conhecidas no mundo corporativo e nos círculos políticos, por exemplo, suas divergências com o economista Antônio Delfim Netto, inclusive quando ele mandava na economia brasileira, como ministro da Fazenda e depois do Planejamento, durante os governos militares. Outro oponente de peso foi Orestes Quércia, que foi governador de São Paulo e senador pelo estado pelo MDB. Segundo Roberto Müller, algumas vezes o deputado Herbert Levy comentava com ele, por telefone, que o jornal estava publicando exageradamente o desenho do rosto de Delfim a bico de pena, mas era lembrado que o economista tinha um cargo importante na República. Não era censura, acredita Müller, mas uma manifestação de mau humor.

Para Müller, Herbert nunca pediu que fossem feitas menos matérias com Delfim ou outros desafetos. Apesar das polêmicas com Levy, que muitas vezes se manifestou de forma extremamente dura sobre Delfim, inclusive no seu livro, o ex-ministro só teve elogios à *Gazeta*, chamando o jornal de "uma espécie de *Financial Times*. Até hoje, nada substitui a *Gazeta*".[9] Ele comentou também que os editoriais do jornal eram neutros, não tinham um viés ideológico, e elogiou especialmente dois jornalistas, Claudia Safatle e Celso Pinto, que conversaram com Delfim Netto com grande frequência por décadas e o consideravam uma fonte de informações importante. Celso gostava de contar que, quando morava em Brasília, ele costumava chegar cedo ao Ministério do Planejamento para conversar com Delfim, que começava a trabalhar nas primeiras horas do dia.

Herbert Levy foi filiado a oito diferentes partidos políticos – ficou 20 anos na União Democrática Nacional (UDN) e 13 na Arena, o partido que apoiava os governos militares. Do seu casamento de 67 anos com Wally Ferreira Levy, teve nove filhos, dentre os quais, Luiz Fernando, que dirigiu a *Gazeta*.

O início da "revolução"

Como se poderia esperar de um boletim, até a primeira metade dos anos 1970, a *Gazeta Mercantil* tinha pouca expressão. A redação era muito pequena. Eram só seis jornalistas. Naquela época, por causa dos baixos salários pagos pelas publicações, grande parte dos jornalistas tinha dois empregos, muitas vezes um deles num órgão governamental, e dividiam seu dia entre duas redações – era assim também com alguns dos que trabalhavam na *Gazeta*. "Cada jornalista editava e cuidava de uma página", conta Miriam Cassas, a primeira mulher a trabalhar na *Gazeta Mercantil*. Ela entrou em setembro de 1970. Ainda estava na faculdade de jornalismo Cásper Líbero e foi indicada para uma vaga por um colega de curso, Ademar Cantero, que já estava no jornal desde 1968.[10]

Ao chegar à sede do jornal, Miriam conversou com o editor-chefe, Antônio Fernandes Neto. A empresa toda estava instalada num prediozinho na rua do Gasômetro, no Brás, no centro velho de São Paulo. No térreo, ficava a gráfica, no segundo andar, a redação, no terceiro, a administração. Na conversa, Fernandes disse que gostara do currículo e do interesse da Miriam pelo jornalismo, mas tinha um problema – não havia no prédio banheiro para mulheres. Ficou acertado que ela trabalharia a partir das 15 horas. Às 17 horas, o pessoal da área administrativa ia embora e ela usava o banheiro deles.

Além da tiragem muito modesta, a influência da *Gazeta* no mundo dos negócios era mínima. A família Levy resolveu, então, mudar essa situação e investir no jornal, em meados de 1973. Para isso, representantes dos Levy procuraram vários jornalistas, entre eles Roberto Müller Filho, que viria a ser diretor de redação e o principal responsável pela transformação da *Gazeta* em um jornal importante.

Segundo Claudio Lachini, a decisão de "modernizar" a *Gazeta Mercantil*, como escreveu ele no seu livro,[11] tinha sido tomada no início dos anos 1970, quando um dos dirigentes do grupo que administrava os bens da família, Omar Bittar, mostrou a Herbert e a Luiz Fernando um artigo da revista *Fortune* sobre o periódico *The Wall Street Journal*. Luiz Fernando, que era diretor da agência de publicidade controlada pelos Levy e também da *Gazeta*, disse a Bittar que queria tocar um projeto semelhante ao do jornal americano, o qual já detinha na época grande prestígio, segundo ainda Lachini, jornalista que trabalhou quase 30 anos na *Gazeta*, tendo sido convidado para integrar sua redação por Roberto Müller. Lachini, que faleceu em 2016, exerceu vários cargos de diretor da empresa que controlava a *Gazeta* e ficou bastante próximo de Luiz Fernando.

Müller se lembra bem da primeira conversa com os representantes da família Levy que o procuraram:

> A história é a seguinte. Eu estava trabalhando na *Folha* [*Folha de S.Paulo*], numa situação incômoda porque o "seu" Frias [Octávio Frias de Oliveira, um dos donos do grupo *Folha*] e o [jornalista] Cláudio Abramo queriam que eu trabalhasse lá, mas o editor da época torcia o nariz. Foi criado, então, o cargo de editor especial, pelos dois, Abramo e Frias.

Müller recebeu um telefonema com um convite para almoçar com Henrique Araújo (sobrinho de Herbert Levy e que trabalharia por muitos anos em cargos administrativos da empresa) e com Bittar, que viria a ser superintendente do jornal. "Eles estavam com a ideia de fazer um jornal econômico importante. Estavam procurando um nome. Fomos almoçar no restaurante Rubaiyat da rua Vieira de Carvalho." A conversa teria sido boa, recorda-se Müller, mas ele não foi escolhido nessa fase.

O convite para dirigir a redação foi feito para Hideo Onaga, um respeitado jornalista de economia que passou pelos jornais do grupo Folha e foi redator-chefe das revistas *Visão*, *Quatro Rodas* e *Mundo Econômico*, além de assessor da presidência da Petrobras depois da sua passagem pela *Gazeta*.

A leitura de exemplares da *Gazeta* dessa época, feita na hemeroteca da Biblioteca Municipal Mário de Andrade, sediada no centro velho de São Paulo, mostra poucas mudanças na primeira página do jornal durante a direção de Onaga, que manteve pelo menos parte da equipe de jornalistas do período anterior à sua chegada e contratou outros, como Klaus Kleber e Floreal Rodriguez. O próprio ex-editor-chefe, Antonio Fernandes Neto, continuou na redação, como um dos editores. O editor de arte era o artista plástico Zélio Alves Pinto. O jornal mantinha, então, um caderno semanal de Turismo, com dicas não apenas de hotéis e viagens, mas também de livros, peças de teatro, filmes – e uma coluna sobre aviação. Um exemplar desse caderno, de março de 1974, tinha apenas um anúncio, de um quarto de página. O jornal também mantinha uma seção bastante provinciana: uma listagem de hóspedes "ilustres" dos hotéis paulistanos…

Já nessa fase, a redação enfrentava um dilema: como só tinha edições nos dias úteis, como tratar de fatos importantes ocorridos na sexta-feira ou no sábado, naquela época pré-edição on-line? Em março de 1974, a equipe de jornalistas da *Gazeta* resolveu tratar, na edição de segunda, da posse do presidente Ernesto Geisel, que aconteceu numa sexta-feira, como se tivesse sido na véspera.

Onaga, falecido em 2007, chefiou o jornal por pouco tempo. Na lembrança da sua filha, Cláudia,[12] Hideo Onaga saiu porque achava que tinha completado sua tarefa de reestruturar a redação, "dar um *up* no jornal". O que Hideo comentava na família era que o jornal, antes das mudanças, estava ultrapassado, defasado, com uma tiragem muito pequena. Cláudia era adolescente quando o pai foi para a *Gazeta* e não se lembra muito bem dessa fase da carreira dele, mas tem certeza de que não tinha ficado chateado por ter trabalhado pouco tempo. A família de Hideo morava numa região da cidade de São Paulo conhecida como Previdência, no bairro do Caxingui, onde viviam também outros jornalistas, como Cláudio Abramo e Emir Nogueira.

A versão lembrada por jornalistas sobre a saída de Onaga da *Gazeta* é a de que houve algum mal-entendido entre ele e um dirigente da empresa. Segundo Müller, Hideo teria ficado apenas nove meses no cargo por ter se desentendido com Omar Bittar, que teria tentado interferir na condução da redação – o que faria novamente pelo menos uma vez na gestão de Müller, que recebeu o apoio da família Levy contra a tentativa de influência de Bittar na redação. No seu depoimento para um livro de José Venâncio de Resende, Onaga confirma a razão da sua saída: "Começaram as interferências na redação e eu então pedi demissão e saí."[13] Ele tinha ampliado a equipe da redação, levando jornalistas que continuariam no jornal mesmo com a troca da chefia e a chegada de Müller. Um deles foi Jaime Mattos, que trabalhou por muitos anos.

Com a saída de Onaga, por razões desconhecidas, os diretores da empresa voltaram a procurar Müller. "Aí me ligaram de novo. Foi o Omar Bittar que refez o convite para uma conversa, mas já me levando para encontrar o Luiz Fernando Levy", conta Müller.

Essa primeira reunião entre Luiz Fernando e Müller foi fundamental para a história da *Gazeta*, já que nesse encontro foi feito e aceito o convite para que o jornalista fosse dirigir e transformar o jornal. A parceria entre os dois – que passou por altos e baixos, mas com saldo positivo, na avaliação de Müller – viabilizou a transformação da *Gazeta* em um jornal reconhecido pela qualidade editorial, que "obrigava" empresários, pessoas do mercado financeiro e economistas a ler suas páginas todos os dias. Suas informações eram tão abrangentes e detalhadas que o público tinha que ler o jornal todos os dias para saber o que acontecia no seu setor, com seus concorrentes, fornecedores e clientes, bem como no mercado financeiro. Luiz Fernando e seu pai, o deputado Herbert Levy, disseram a Müller que ele e sua equipe teriam liberdade para escolher os temas e publicar o que decidissem. Em contrapartida, falaram que a edição precisava ser "criteriosa", que deveriam ser publicados os fatos apurados e não a opinião dos jornalistas.

Gazeta Mercantil

O impacto da troca da chefia de Onaga para Müller pôde ser percebido logo, com matérias sobre assuntos mais "quentes" e que passaram a ser assinadas pelos jornalistas que as apuraram. O expediente já mostrava, em julho de 1973, grandes mudanças – Müller levou para a redação jornalistas que teriam um papel de destaque na *Gazeta* ao longo de anos, como Claudio Lachini, Glauco Antônio de Carvalho e o repórter José Roberto Alencar. Começaram também a ser publicadas reportagens decorrentes de viagens de repórteres, como um texto de Frederico Vasconcelos, enviado à cidade de Americana (no interior de São Paulo) para descrever o impacto da falta de crédito bancário em pequenas e médias empresas.[14]

Outra "novidade" adotada pela nova direção foi iniciar uma matéria na primeira página e publicar sua continuação numa página interna. As edições passaram a ser mais gordas, algumas chegando a 22 páginas, com as editorias divididas em Internacional, Nacional, Indústria, Agropecuária, Matérias-Primas, Finanças, Mercados, Administração e Serviços e Legislação.

Gradualmente, o jornal expandiu também sua cobertura de política e ampliou a cobertura jornalística de segmentos econômicos, como energia, ambiente, transportes, tecnologia. Não se passou muito tempo até que a *Gazeta* fosse incluída numa seleta lista dos melhores jornais de negócios do mundo, elaborada pela revista americana *Fortune* – fato que foi muito usado pela sua direção em variados anúncios ao longo de décadas. Vale a pena ressaltar que a listagem se referia a jornais especializados na cobertura de negócios e não de economia, um conceito obviamente muito mais amplo. Pode-se afirmar que a cobertura da *Gazeta* de negócios (incluindo-se aí o setor bancário e os mercados) foi inovadora e, de longe, a mais ampla entre os jornais generalistas e os especializados, no Brasil.

Em 1985, na listagem da *Fortune*, apareciam como os sete mais importantes jornais de negócios do mundo: *The Wall Street Journal, Nihon Keizai Shinbun, Financial Times, Handelsblatt, The Australian Financial Review, Il Sole 24 Ore* e a *Gazeta*. Dos sete diários citados, apenas a *Gazeta* deixou de existir.

Os dois jornais econômicos que são considerados, quase de forma unânime entre estudiosos e leitores, os melhores e mais influentes no mundo conseguiram não apenas sobreviver nas últimas décadas, mas também crescer em importância e tiragem, apesar do desafio da perda de anunciantes, provocada pelo avanço das mídias na internet, e do processo de

| 30 |

digitalização. As duas publicações são: *Financial Times*, de Londres, e *The Wall Street Journal*, de Nova York.

Em março de 2022, o *Financial Times* anunciou que tinha alcançado 1 milhão de assinantes digitais, um recorde para a publicação, que hoje é controlada pelo grupo de mídia japonês Nikkei. Mais da metade dos assinantes não estão no Reino Unido, a sede do jornal – sua política tem sido aumentar a circulação em outros países, especialmente nos Estados Unidos, onde estão cerca de 20% dos assinantes.

Em muitos círculos, o *Financial Times* supera em prestígio *The Wall Street Journal*, cuja reputação foi arranhada depois da sua compra pelo magnata da mídia Rupert Murdoch, um empresário bastante controvertido por causa da sua proximidade com alguns políticos, como o ex-presidente americano Donald Trump, e do seu portfólio de publicações, que inclui tabloides sensacionalistas, em especial na Inglaterra, como *The Sun*. *The Wall Street Journal* continua, porém, sendo muito respeitado pelas suas notícias e furos sobre empresas e negócios e, em junho de 2022, sua circulação superava 3,7 milhões de exemplares.

O *Nihon Keizai Shinbun*, fundado em 1876, teve seu nome alterado para *The Nikkei* e é um dos 5 jornais de maior circulação no Japão, com 3 edições diárias e uma tiragem de cerca de 3 milhões de exemplares. Já o alemão *Handelsblatt*, criado em 1946, tem uma circulação muito menor, de 132 mil cópias em média, segundo seu balanço do terceiro trimestre de 2022.

Com sede em Sydney, a empresa que controlava *The Australian Financial Review* foi vendida para outro grupo, mas isso não significou a interrupção do jornal, que informou em novembro de 2019 que, por meio dos canais impresso e digital, atingia 2,6 milhões de leitores. *Il Sole 24 Ore* é uma publicação controlada por uma entidade empresarial italiana, a Confindustria (o equivalente no Brasil da Confederação Nacional da Indústria, a CNI), tendo sido criado em 1965. De acordo com o balanço do jornal *Il Sole*, sua circulação (impresso e digital) foi em média de 142 mil cópias em 2021.

Vale a observação que também no mundo das revistas voltadas para economia e negócios, muitas publicações desapareceram, mas outras floresceram, como *The Economist*. Segundo o instituto verificador de audiência da Grã-Bretanha, em 2022, a circulação digital da *Economist* superou 1 milhão; a tiragem em papel, outros 561,6 mil.

Sucesso editorial

São muitas as explicações para o sucesso editorial da revolução desencadeada por Müller e seu time, transformando num jornal de sucesso um boletim de informações sem infraestrutura, como era a *Gazeta* até meados dos anos 1970. Uma das razões para a transformação ocorrida nas décadas seguintes, que moldaram a forma como o jornalismo econômico evoluiu no Brasil, foi a escolha de jornalistas que já eram considerados entre os melhores do país na área de economia, como Matías M. Molina, Bernardo Kucinski, Aloysio Biondi, Sidnei Basile, Tom Camargo, Klaus Kleber, para citar apenas alguns. Também se apostou em repórteres investigativos, como José Roberto Alencar e José Carlos Thomé, ambos com reputação já firmada na década de

1970. (Logo que foi contratado, em 1975, Alencar dedicou dias de reportagem investigativa e escreveu todo um caderno especial sobre a contaminação de carne no país, um tema inusitado para os padrões da *Gazeta* e mesmo dos jornais generalistas na época.)

A orientação geral era a de que todos os jornalistas, independentemente do seu cargo, deveriam procurar apurar matérias e escrever. A ideia era que mesmo os editores – que em outras publicações não exerciam essas funções – fossem também um pouco repórteres, para não se desperdiçarem seus talentos.

Desde então e até 2009, quando foi suspensa sua publicação, a *Gazeta* contratou grandes jornalistas, muitos que já eram especializados em economia, e também formou gerações de repórteres que foram gradualmente trabalhar em outras publicações, mídias ou assessorias de imprensa. E este é um dos maiores méritos atribuídos ao jornal e à sua chefia: ter treinado centenas de jornalistas que ganharam proeminência no campo do jornalismo econômico ou em outras áreas. Levantamento feito na edição de 2005 do livro *Jornalistas brasileiros: quem é quem no jornalismo de economia*, organizado por Eduardo Ribeiro e Engel Paschoal, mostra que cerca de 30% dos nomes relacionados na publicação tinham trabalhado na *Gazeta* – muitos dos que não passaram por lá provavelmente sonharam em serem chamados pelo jornal.[15]

Uma prática que foi logo adotada pela direção de redação era que as matérias deveriam ser assinadas pelos seus autores. Isso ajudaria o repórter de determinada área de cobertura a ter acesso a fontes do setor, mas era também uma forma de poder responsabilizar os jornalistas pelo que escreviam. Diferentemente do que passou a ser adotado por muitas publicações, era muito raro até então que uma matéria trouxesse a assinatura do autor. Segundo Müller, que no seu período na *Folha de S.Paulo* deve ter assinado no máximo três ou quatro matérias, essa prática facilitava o acesso dos repórteres às fontes de informação de determinado segmento – quem trabalhava na área acabava conhecendo o jornalista da *Gazeta* por nome e sobrenome. De forma geral, os jornalistas se sentiam valorizados por isso.

Uma diretriz constantemente reforçada pela chefia era a necessidade de sempre ouvir todos os lados na apuração de uma matéria. As pessoas ou empresas ou outras instituições citadas na apuração de alguma matéria deveriam ser entrevistadas antes da publicação do material, em especial nos

Gazeta Mercantil

casos mais polêmicos. Era uma regra enfatizada, em especial, por Roberto Müller. Esse princípio ajudava muito quando havia pressão de leitores e/ou anunciantes para que determinado material não fosse publicado ou quando reclamavam de alguma matéria já divulgada pelo jornal. Se a empresa citada tinha sido procurada e havia tido a oportunidade de se manifestar, ficava mais difícil reclamar depois. Müller resume essa política da redação em um depoimento para um livro:

> Era um jornal muito sério. Não tinha contrabando político, não tinham perseguidos, os anunciantes não eram mais bem tratados do que os não anunciantes. Começamos a falar de negócios, de empresas que davam lucro ou prejuízo. Tivemos muitos problemas, mas os Levy sempre bancavam, quando alguém não queria que saísse uma matéria, e eu publicava. Sempre ouvindo as partes. Ensinávamos muito isso aos jornalistas. Era uma catequese.[16]

Além disso, desde os primórdios da fase de expansão, a *Gazeta* patrocinava muitas viagens, pois sua chefia acreditava que era uma forma de aprendizado para os repórteres e de enriquecimento do conteúdo. Numa única edição de setembro de 1975, a do dia 26, é possível encontrar matérias assinadas por jornalistas em viagem para quatro cidades: Viena, Cidade do México, Salvador e Brasília. As viagens eram pagas pelo jornal, que também aceitava convites de governos ou entidades empresariais.[17] As viagens concretizavam, de forma intensa, a orientação repetida constantemente por Molina: lugar de repórter é na rua. Com frequência, o jornal enviava jornalistas para coberturas de seminários e também para o interior do país, em especial na época de plantio e colheita da safra agrícola.

Essa política também ajudava na contratação de talentos – em geral, jornalistas gostam de viajar e descobrir histórias interessantes fora do seu ambiente normal de trabalho. A prática de mandar jornalistas para outras cidades ou outros países em busca de reportagens se manteve por décadas. Um exemplar da *Gazeta*, de 23 de abril de 1986, mostrava matérias assinadas por repórteres em Primavera (cidade do interior de São Paulo, anteriormente conhecida como Porto Primavera), Uberaba, Lisboa e Vancouver.

Algumas vezes, o jornal mandava uma verdadeira equipe de jornalistas para eventos considerados importantes. Em 1979, foram enviados a Belgrado, então capital da Iugoslávia (ainda comandada pelo marechal

Josip Tito), três dos seus principais repórteres e mais o economista Luiz Gonzaga Belluzzo: Claudia Safatle (da sucursal de Brasília), Celso Pinto (editor de Finanças) e Antônio Marcos Pimenta Neves (correspondente em Washington).

Outro instrumento adotado pela *Gazeta* para atrair e treinar seu reportariado foi a criação de cursos de formação. O primeiro foi sobre economia, numa parceria do jornal com o Instituto de Economia da Universidade Estadual de Campinas (Unicamp), em que deram aulas também professores da Universidade Federal do Rio de Janeiro (UFRJ). Economistas que posteriormente tiveram destaque no debate econômico do país deram aulas, como Maria da Conceição Tavares, Carlos Lessa, Luiz Gonzaga Belluzzo e João Manuel Cardoso de Mello.

A meta do time que assumiu a redação em 1974 era tornar a *Gazeta* uma leitura indispensável. Um dos caminhos para isso era a publicação de decretos, resoluções do Banco Central, informes da Secretaria da Receita Federal etc., na íntegra, de preferência no dia seguinte à sua divulgação em Brasília, no caso de determinações federais. Para isso, eram consumidas páginas e páginas do jornal, e equipes de editores e repórteres eram convocadas para ler, organizar, diagramar e apresentar ao leitor as decisões oficiais – algumas vezes em páginas especialmente dedicadas à sua publicação, outras vezes em editorias, como Legislação e Finanças. Era missão também dos jornalistas interpretar a papelada baixada pelas autoridades, procurando traduzir para a linguagem comum o que estava escrito em "juridiquês".

A decisão de publicar tudo o que fosse possível de regulamentação das várias instâncias governamentais foi uma das chaves para a construção do sucesso da *Gazeta*, mas obviamente não foi a única tática que cativou leitores. A ideia dos jornalistas que modernizaram o jornal a partir de meados da década de 1970, liderados por Müller, era tornar a *Gazeta* uma leitura essencial para quem trabalhava em cargos de chefia em empresas e bancos, para o alto escalão dos governos federal e estaduais, e para economistas e advogados.

Quem quisesse participar do mundo dos negócios teria que ler a *Gazeta* para estar bem informado e participar, com propriedade, da tomada de decisões em empresas, em instituições financeiras ou nas várias instâncias do Estado. Ou seja, o objetivo era transformar o jornal numa "bússola de papel", como afirmava o título de uma matéria sobre a *Gazeta* e seu dono, Luiz Fernando Levy, publicada pela revista *Imprensa*.[18]

Gazeta Mercantil

Como a empresa que controlava a *Gazeta* não dispunha de gráfica própria, o jornal era impresso por outros grupos de mídia que davam, naturalmente, preferência para suas próprias publicações. Assim, a *Gazeta* em geral chegava às mãos dos assinantes ou às bancas de jornais mais tarde do que os outros jornais, tendendo, portanto, a ser o segundo ou mesmo terceiro diário a ser lido. Muitos leitores começavam o dia lendo primeiro a *Folha de S.Paulo, O Estado de S. Paulo* ou *O Globo*, ou o principal jornal geral das outras grandes cidades brasileiras.

Além disso, muitos leitores recebiam a *Gazeta* nos seus escritórios, porque a maior parte das assinaturas era feita pelas empresas ou pelos bancos nos quais trabalhavam. Assim, era frequente que o assinante só lesse a *Gazeta* depois das 9 horas, o horário tradicional de início de trabalho na grande maioria dos escritórios e dos bancos. A *Gazeta* teria fracassado se não trouxesse matérias exclusivas ou informações precisas sobre decisões legais ou, ainda, dados sobre o comportamento de preços de *commodities* ou do mercado financeiro, de forma a compensar o "atraso" com que era lida.

Essa predominância de assinaturas feitas pelas corporações teve vários impactos para a empresa, e foi uma política deliberada seguida pela *Gazeta Mercantil* por anos. Facilitava tanto a renovação quanto a entrega dos jornais, já que grandes bancos ou empresas de considerável porte tinham várias assinaturas, de forma que muitos exemplares eram entregues em um mesmo endereço. Um dos lados negativos dessa estratégia é que o jornal entregue no escritório era lido por várias pessoas – o chefe repassava o seu exemplar para sua equipe, tirando da *Gazeta* a possibilidade de aumentar o número de vendas. Os jornalistas gostavam de repetir que cada exemplar da *Gazeta* era lida por oito ou nove pessoas, enquanto os jornais gerais eram lidos por um número muito menor, de três ou quatro. Não se sabia exatamente de onde partira essa estatística, porque a *Gazeta* não fazia pesquisas junto a seus leitores – provavelmente, era mais uma impressão proveniente de conversas com empresários.

Até 1974, a tiragem do jornal era modesta, uma vez que a *Gazeta* não passava de um simples boletim com informações sobre os mercados financeiros, sem muita expressão e pouco conhecido fora de um círculo pequeno de leitores, muitos dos quais clientes da corretora de valores da família Levy. Não existem muitos dados confiáveis sobre a venda de exemplares da *Gazeta* antes da era Müller. De acordo com o jornalista Claudio Lachini, em seu livro sobre a *Gazeta*, a tiragem era de 8 mil exemplares, sendo 4 mil de assinantes.[19]

Nos arquivos do Instituto Verificador de Circulação (IVC), só existem dados consolidados sobre a tiragem da *Gazeta* da década de 2000, quando os problemas financeiros do jornal haviam atingido níveis perigosos e aumentara a concorrência no segmento de jornais de economia com o lançamento, em maio de 2000, do *Valor Econômico*, numa associação entre os grupos Folha e Globo. Em 2000, a média mensal de circulação da *Gazeta* era de 120 mil exemplares; em 2008, havia caído quase pela metade desse total, para 69,8 mil.[20] Informações não avalizadas pelo IVC indicam que a circulação da *Gazeta* chegou a 150 mil exemplares na década de 1980, depois do lançamento do anuário *Balanço Anual*, como se recorda Roberto Müller.

O jornal anunciou que aderira ao IVC num anúncio publicado na edição com datas de 1º e 3 de fevereiro de 1986. A média mensal de exemplares, em dezembro de 1985, tinha sido de 71.624. Claudio Lachini, no seu livro,[21] citou outros dados para essa época: em 1985, o total de assinaturas era de 63 mil, com 3,7 mil vendas avulsas. Em 1987, havia 84 mil assinantes e eram vendidos mais 3,2 mil jornais nas bancas. O resultado de 1987 só se explica, porém, pela incorporação dos assinantes do *Diário do Sul*, um jornal criado para circular no Rio Grande do Sul e que não teve sucesso do ponto de vista de negócios, tendo sido fechado em 1986. Poucos anos depois, em dezembro de 1993, a circulação total caíra para 77,6 mil com 61,6 mil assinantes.

O jornal também incorporou outros princípios editoriais com o propósito de atrair leitores e, em especial, assinantes. Entre eles, a criação de seções especializadas em subsetores econômicos; a procura permanente por mostrar um ângulo diferenciado nas matérias que os outros jornais também publicariam; e a edição de entrevistas importantes na sua íntegra. E, graças principalmente à preocupação de Molina com assuntos internacionais, o jornal, já em 1975, comprou os direitos de publicação no Brasil do *Financial Times* e da revista *Advertising Age* – dois chamarizes para leitores interessados em finanças e negócios internacionais. A *Gazeta* também publicou material do jornal *The Wall Street Journal*.

A gradual criação de editorias especializadas foi um dos "achados" da equipe de jornalistas da *Gazeta*. Tanto Roberto Müller como Matías M.

Molina (que foi editor-chefe e correspondente em Londres, além de figura essencial na formação de repórteres), em suas entrevistas para este livro, destacaram que a ideia era de que a leitura dessas sessões diárias se tornasse obrigatória para os interessados no assunto, diante da regularidade da sua publicação e do detalhamento possível no trato das questões.

Assim, por exemplo, operadoras, concessionárias, clientes, fornecedores de equipamentos se veriam "obrigados" a ler todos os dias a editoria de Energia. Era como se fosse uma *newsletter* dentro do jornal, com notícias exclusivas sobre empresas e negócios dos setores – o que também interessava a bancos que tivessem clientes que operassem nesse campo ou eventuais investidores estrangeiros.

Em 1985, ou seja, pouco mais de uma década desde o início do processo de reformulação do modelo da *Gazeta* tocado pela equipe de Roberto Müller, o jornal publicava diariamente seções sobre: indústria, transportes, energia, matérias-primas, *commodities*, agropecuária, finanças, investimentos (que durante um longo período incluía matérias sobre compras de obras de arte), custo do dinheiro, administração e serviços (que tratava de marketing e publicidade principalmente) e, além das editorias sobre assuntos internacionais, economia nacional e política. Essa segmentação do jornal resultou, por outro lado, na formação de centenas de jornalistas especializados em certos setores econômicos.

Aos poucos, os leitores começaram a perceber que podiam confiar nas informações publicadas pelo jornal, em especial no acompanhamento de dados que importavam para as operações do mercado financeiro. Muitos começaram a se aproveitar disso para beneficiar os negócios. Um caso ilustrativo dessa situação foi relatado pelo jornalista Celso Pinto no artigo "O furo está vivo e passa bem".[22]

Celso relembra uma história que chegou a ele quando era correspondente em Londres, no início dos anos 1990:

> O mercado de dívida latino-americana vivia aos sobressaltos, provocados pelas idas e vindas dos planos (econômicos) brasileiros e retrocessos na renegociação da dívida com os bancos internacionais. Um grande banco inglês designou um funcionário, no Brasil, para comprar as primeiras edições dos jornais brasileiros nas bancas no centro de São Paulo, onde começavam a circular. No caso da própria *Gazeta Mercantil*, normalmente a primeira edição disponível só circulava às 6 horas da manhã

ou mais tarde. O funcionário comprava e transmitia imediatamente as notícias para a Inglaterra. Como Londres, boa parte do ano, opera com fuso horário quatro horas à frente do Brasil, quando a informação chegava, o mercado já estava funcionando lá, mas não aqui. Para alguém experiente, era fácil perceber quais notícias poderiam influir no mercado e em que direção, para cima ou para baixo. Por ter essa informação antes dos outros, esse banco inglês aumentava suas chances de lucro.

Outra tática enfatizada pela chefia da redação era orientar os repórteres a sempre buscar um diferencial em qualquer matéria – um ângulo exclusivo, um furo de reportagem, a interpretação do fato que fugisse da generalidade. Como a *Gazeta* era, na grande maioria dos casos, a segunda leitura de jornal dos assinantes, era preciso que o enfoque do material publicado apresentasse alguma "novidade". De outra forma, qual seria a motivação do leitor, se a matéria da *Gazeta* fosse muito semelhante à que ele já tinha lido no *Estadão*, na *Folha*, no *Jornal do Brasil* ou no *Globo*?

Um exemplo dessa busca do diferencial foi contado por José Casado. Em 24 de abril de 1985, o dia do enterro do presidente Tancredo Neves, eleito, mas não empossado por causa da doença que o levou à morte, dois jornalistas da *Gazeta*, o próprio Casado e Getulio Bittencourt, procuravam entrar na igreja de São Francisco, em São João del-Rei, onde haveria a missa de corpo presente de Tancredo.

A igreja, que começou a ser construída em 1774, é pequena. Naquele momento, estavam lá o novo presidente, José Sarney, vice na chapa de Tancredo, e todas as principais autoridades da "Nova República", como tinha sido batizada a nova etapa política do país, com a eleição de um civil. Mas os jornalistas não podiam entrar.

Casado e Getulio combinaram um plano para furar o cerco e tentar informações exclusivas. Casado começou a distrair os soldados que guardavam a entrada da igreja; Getulio conseguiu entrar no templo sem ser barrado e levantou informações exclusivas, um furo no jargão jornalístico, que foram para a manchete do jornal do dia seguinte sobre a intenção de Sarney de mudar o ministério.

Com frequência, o jornalista buscava, dentro desse espírito, mostrar as consequências de uma determinada notícia, não ficando apenas na descrição do fato. Como repórter que cobria finanças em Brasília, na década de 1980, fui desafiada muitas vezes por Molina a não apenas escrever sobre a evolução de dados monetários (meios de pagamento, base monetária), divulgados mensalmente pelo Banco Central. Molina me perguntava qual o impacto do crescimento de um desses indicadores monetários para toda a economia, para as empresas, para os bancos – era uma forma de avançar na cobertura e aproximar dados "frios" da vida do empresário.

Um exemplo do resultado dessa orientação foi a matéria publicada em maio de 1985 a partir da divulgação dos índices de inflação do mês anterior. A manchete da *Gazeta* não informava simplesmente que a inflação fora de 7,8% em abril – a apuração exclusiva do jornal redundou no seguinte título: "Maio terá índice menor que abril". O então ministro da Fazenda, Francisco Dornelles, esperava uma inflação de 5%.

Pouco tempo depois disso, o próprio Dornelles saiu do governo e foi substituído por Dilson Funaro – na edição do dia 17 de agosto, o principal título da primeira página da *Gazeta* não era "Funaro é o novo ministro da Fazenda" ou "Funaro substitui Dornelles na Fazenda", como se poderia esperar. Era: "Funaro quer crescimento sem inflação", adiantando, portanto, um dos princípios que o novo ministro tentaria alcançar (inclusive com o Plano Cruzado). Na mesma primeira página, quatro outras matérias tratavam da troca de ministros. Celso Pinto escreveu uma análise, "Mudança certa: a política monetária"; outro texto já trazia a repercussão da escolha de Funaro para a Fazenda: "Os empresários aprovam"; também "Um empresário liberal na Fazenda", de Getulio Bittencourt; e "Bolsas caem; dólar sobe", por Angela Bittencourt. Outro exemplo dessa tendência está registrado alguns anos antes, na edição de 16 de janeiro de 1980, de novo na cobertura de uma troca de ministros da Fazenda, com a demissão de Karlos Rischbieter durante o governo do general João Figueiredo. A manchete do jornal foi: "Os critérios para a sucessão de Rischbieter".

Às vezes, os títulos demonstram que não era fácil conseguir um diferencial em grandes eventos, como a posse de um presidente. Em março de 1979, quando o general João Figueiredo foi ungido presidente da República, a manchete na primeira página foi: "O presidente, a esperança, os problemas".

A procura por um ângulo diferenciado era tão generalizada e entranhada na cabeça dos repórteres que surgiu uma brincadeira sobre isso, como relembrou o jornalista Aluizio Falcão Filho, que teve seu primeiro emprego como jornalista na *Gazeta*:

A piada sobre a *Gazeta* era a seguinte: o mundo iria acabar e todos os jornais teriam de publicar suas últimas edições (essa piada é antiga e fala de alguns veículos que não mais existem, como a própria *Gazeta Mercantil*). O *Jornal da Tarde*, que usava mais recursos gráficos que a concorrência, fez uma primeira página em preto, com o seguinte título: "O último dia do mundo". O *Estadão*, por sua vez, deu na manchete: "Ameaça comunista provoca o apocalipse". A *Folha de S.Paulo* publicou um título de seis colunas: "Pesquisa Datafolha: 90% dos brasileiros são contra o fim do mundo". E a *Gazeta Mercantil*? A notícia saiu na dobra do jornal (na manchete havia alguma reportagem de macroeconomia), com um título sugestivo: "Os planos de Deus". Na minha lembrança, a manchete da *Gazeta* era "Novos planos de Deus".[23]

Para ajudar os jornalistas a se preparar para as entrevistas e contextualizar as informações colhidas, foi fundamental a existência do Centro de Informações (CI), que amealhava dados sobre a economia brasileira (de outros países também, mas sem tanto detalhamento), e passou a arquivar as matérias da *Gazeta* e de outros jornais, como lembrou Claudio Conceição.[24] Ele ocupou muitos cargos na *Gazeta*, além de ter dirigido o CI – foi editor, secretário de redação, editorialista e diretor. Passou a ser um hábito de muitos repórteres só fazer uma entrevista depois de passar um tempo no CI lendo o material colecionado em pastas sobre determinado assunto. Estudante de Economia na Unicamp, que interrompeu o curso ao trabalhar para a *Gazeta*, sua formação ajudou no entendimento de macroeconomia de muitos jornalistas.

Nesse contexto de busca por exclusividade, Claudia Safatle, uma das estrelas da sucursal de Brasília da *Gazeta*, onde trabalhou por 18 anos até 1982, lembra que uma orientação constantemente reforçada pela chefia era a de que repórter do jornal não participava de *pool* de jornalistas para cobrir o governo federal.[25]

Durante muitos anos, repórteres das sucursais de várias publicações em Brasília combinavam informalmente de passar informações uns para os outros, de forma que nenhum levasse um "furo" do jornal concorrente. Esse esquema de *pool* era condenado pela direção da *Gazeta*, exatamente por causa do princípio da busca do diferencial.

A *Gazeta* também seguia a orientação de publicar entrevistas na sua íntegra, no formato conhecido no meio jornalístico como pingue-pongue, apenas quando fossem consideradas essenciais. Nas consultas ao acervo da

Gazeta, tanto na Biblioteca Municipal Mário de Andrade, na capital paulista, quanto no Arquivo Público do Estado de São Paulo, pude constatar que era rara a publicação de pingue-pongues. Duas exceções históricas foram as entrevistas coletivas concedidas pelo presidente eleito Tancredo Neves, em 18 de janeiro e 12 de fevereiro de 1985. A doença e a morte dele, ainda antes de tomar posse, mostraram o acerto da decisão de editá-las.

Ao longo de anos, o time de jornalistas também passou a criar produtos editoriais que complementassem as edições diárias, como relatórios sobre temas ou regiões econômicas – neste caso, havia também interesse em chamar a atenção de anunciantes. Um dos muitos exemplos é um relatório, "Caminhos do Paraná", publicado em 30 de janeiro de 1985, sobre as estradas do estado em que o maior anunciante era o governo estadual. Outro relatório tratava da "Ferrovia da Produção" (25 de setembro de 1985), com oito páginas, sendo pouco mais de uma página de anúncios. Os relatórios eram feitos pela equipe de jornalistas da *Gazeta*, em geral depois que se identificava interesse publicitário pelo assunto.

Alguns desses cadernos, de fato, atraíam grande interesse de empresas e/ou bancos e de outras instituições financeiras. Em 17 de janeiro de 1986, foram publicados dois relatórios especiais: o de siderurgia apresentava muitos anúncios, quase metade das suas páginas estava tomada por publicidade; já o relatório sobre um projeto de lei financeira que previa punições para crimes nessa área não tinha um anúncio nas suas 14 páginas. Ou seja, neste último caso prevaleceu o interesse jornalístico.

Um destaque na confecção desses cadernos especiais era o Relatório Safra, que no ano de 1985 circulou com números excepcionais, para o jornal e para a época: 795 mil exemplares. Eram 38 páginas, com 18 delas tomadas por anúncios. Era uma parceria da empresa com o governo federal, que garantia à *Gazeta* acesso ao cadastro do Instituto Nacional de Colonização e Reforma Agrária (Incra), de forma que essa edição especial fosse enviada a milhares de pessoas ligadas ao agronegócio.

Do ponto de vista estritamente mercadológico, um ponto fraco da *Gazeta* era sua apresentação. O jornal não era bonito – podia ser classificado como sóbrio e que passava uma imagem de seriedade, mas não era bonito se comparado com outras publicações, como o *Jornal do Brasil* e o *Jornal da Tarde*, que inovaram na diagramação e no uso de fotos. Um professor de Economia da Universidade de São Paulo comentou que a *Gazeta* tinha uma imagem tão pesada, de leitura difícil, que ele ficava contente nos fins de semana e nos feriados quando o jornal não circulava, e não precisava enfrentar páginas e páginas de textos, sem um respiro de fotos ou ilustrações maiores.

Roberto Müller conta que preferiu apostar numa equipe de excelentes jornalistas e jovens repórteres promissores a contratar um time de fotógrafos – não havia orçamento para contemplar os dois times. Por isso, em vez de fotos, a *Gazeta* ilustrava suas matérias com retratos dos entrevistados feitos a bico de pena – a melhor artista nessa especialidade foi a Cahú (Maria da Conceição de Souza Cahú, pernambucana, uma das primeiras mulheres a publicar charges e desenhos na imprensa, morreu aos 52 anos, em 2006).

Müller confirmou também que a inspiração para usar desenhos e não fotos veio do periódico *The Wall Street Journal*, embora o jornal americano só tenha adotado as ilustrações em bico de pena em 1979. Em 2019, *The Wall Street Journal* publicou uma matéria informando que estava mudando a forma como as ilustrações eram feitas com mais uso de tecnologia, 40 anos depois da adoção dos desenhos.[26] Já há alguns anos, o jornal passou a publicar fotos – como a *Gazeta* nos últimos anos da sua existência.

Em algumas ocasiões em que os jornais só editavam desenhos dos rostos dos seus entrevistados, essa prática causava espanto, como no dia seguinte aos ataques às Torres Gêmeas em 11 de setembro de 2001.[27] Uma matéria publicada pela revista *The Atlantic* mostrava que a primeira página do jornal *The Wall Street Journal* trazia um mapa da costa leste dos Estados Unidos, indicando onde tinham ocorrido os ataques terroristas, mas sem fotos. "Não publicamos uma foto. Acho que todos os jornais do mundo, incluindo a edição internacional do *Journal*, editaram fotos", reconheceu a editora de arte do jornal, Jessica Yu.

Müller explicou que o projeto gráfico da *Gazeta* deveu muito ao jornalista Glauco de Carvalho, uma das primeiras contratações da nova fase do jornal:

> Glauco de Carvalho, acho, foi quem mais contribuiu com ideias para o início da reforma. Ele me ajudou muito na parte estética, no encontro de um formato elegante e sóbrio. Todas as noites íamos jantar juntos e ele me ajudava a ir mexendo no jornal. Nossa ideia era de que a *Gazeta* parecesse que tinha 100 anos. Achávamos que a elite empresarial brasileira não tinha história, mas, já que estava crescendo, precisava parecer que tinha…

Em se tratando de imagens, um destaque da *Gazeta*, em especial nos primeiros anos depois da ascensão de Müller e de sua equipe, eram os cartuns publicados na página de "Opinião". Dois dos maiores cartunistas do país se revezavam na função – Chico Caruso e Laerte. Os dois começaram no jornal na mesma época, em 1974. O primeiro trabalho da Laerte publicado em um jornal foi na *Gazeta*. Além de colaborar com a *Gazeta*, Chico tinha seus desenhos editados pelos jornais *Opinião* e *Movimento*. Alguns dos cartuns deles se tornaram icônicos e são atuais até hoje, como mostra a leitura de edições da *Gazeta* na Biblioteca Mário de Andrade e no Arquivo Público do Estado de São Paulo.

Outra forma de ilustrar as páginas era por meio de tabelas e gráficos. Mas mesmo esses recursos gráficos eram pouco usados. Um de muitos exemplos colhidos nos acervos da *Gazeta* foi a edição do dia 14 de maio de 1985. O primeiro caderno da edição tinha 18 páginas, sendo duas de anúncios. Nas 16 páginas de conteúdo editorial, foram publicados 6 retratos feitos a bico de pena de tamanho pequeno (apenas uma coluna de largura), 10 gráficos em geral também de tamanho reduzido (de uma coluna de largura) e duas charges, uma delas na página de "Opinião". Ou seja, praticamente apenas uma pequena ilustração por página. O restante era "um mar de letrinhas".

A *Gazeta* não fazia pesquisas para saber a opinião dos leitores. Müller não se lembra de nenhuma. Pouco antes do seu lançamento, em maio de 2000, o *Valor Econômico* (jornal hoje controlado apenas pelo grupo Globo) encomendou várias pesquisas para testar como um jornal econômico seria recebido pelos interessados em notícias econômicas.

Uma primeira pesquisa, de março de 2000, com leitores da *Gazeta Mercantil* e dos cadernos de Economia dos quatro principais jornais gerais (*Folha de S.Paulo, O Estado de S. Paulo, Jornal do Brasil* e *O Globo*), com 646 entrevistados em 9 cidades (capitais dos principais estados, mais Brasília, Campinas e Ribeirão Preto), mostrou dados interessantes sobre o perfil dos que liam habitualmente a *Gazeta*. A maioria esmagadora era de homens – 82% contra 18% de mulheres.

Leitores frequentes da *Gazeta* (e da *Folha*) eram mais jovens do que os do *Globo*, do *Jornal do Brasil* e do *Estadão*. A nota média atribuída à *Gazeta* era expressivamente mais alta do que a dada aos outros jornais: 8,8, seguindo-se 7,9 para o caderno de Economia do *Estadão*. A *Gazeta* também era o jornal que mais influenciava as decisões dos entrevistados, tanto no seu trabalho como naquelas de investimento pessoal (nesse segundo quesito, curiosamente, acompanhado pelo *Jornal do Brasil*). Apesar da avaliação muito favorável à *Gazeta*, mesmo seus leitores consideraram que havia espaço para o lançamento de um novo jornal de economia. A maioria dos entrevistados queria um jornal com linguagem mais didática, com textos curtos, mais crítico em relação ao governo. Também queriam um jornal com mais ilustrações e cor.

Poucas semanas depois, foi feita uma pesquisa qualitativa apresentando um número zero do *Valor* (antes do lançamento, em geral, as publicações faziam edições para que se experimentasse como as equipes e os sistemas estavam funcionando). O desenho do *Valor* era desde o início muito diferente da apresentação da *Gazeta*, com cores, fotos (às vezes em tamanho maior até do que nos jornais gerais), ilustrações. A pesquisa foi feita pela empresa de consultoria Feedback & DataBase por encomenda do Datafolha e do *Valor*, e abrangeu 4 grupos: 2 grupos com mulheres e homens de idade entre 30 e 40 anos; 2 grupos apenas com homens, de 41 a 55 homens. Todos eram leitores da *Gazeta Mercantil* e alguns também das revistas *Exame* e *IstoÉ Dinheiro*. Especificamente sobre o aspecto gráfico, a maioria elogiou o *Valor* em detrimento da *Gazeta*, com comentários como: "É fácil de ler. A *Gazeta*, eu acho indigesto. Parece a Bíblia, um negócio sisudo. Aqui estou lendo com mais facilidade"; "É um jornal inovador porque jornal econômico é chato. A diagramação aqui é diferente, deixa mais gostoso de ler, desperta a curiosidade."

Depois do lançamento do *Valor*, foi feita uma segunda pesquisa qualitativa sobre o jornal pela mesma empresa de pesquisa, entre os dias 1º e 7 de junho de 2000. E as primeiras reações dos entrevistados, que não eram assinantes do *Valor*, voltaram a comparar o novo jornal com a *Gazeta*, em especial, sobre a aparência das duas publicações. O que se ouviu foram frases como: "Inovou a *Gazeta*, tanto na linguagem como no colorido." Uma pessoa resumiu as impressões gerais: "Sou obrigada a ler sobre economia e lia a *Gazeta* para poder me manter informada. Agora, com o *Valor*, ficou muito melhor, porque, mesmo não gostando de economia, eu consigo entender melhor. Eles dissecam as coisas. Além disso, é colorido, é mais agradável. O que era uma coisa antipática, eles tornaram uma coisa prazerosa."

Um novo modelo

Na lembrança de Müller, mesmo tendo decidido mudar radicalmente o jornal, Luiz Fernando tinha apenas vagas ideias de como a família projetava o novo modelo da *Gazeta*. Os Levy, disse Müller, tinham a expectativa de que a imagem do grupo familiar melhoraria com um jornal "independente e forte". O que ele constatou foi que a *Gazeta* construiu sua própria imagem, que não se misturou com a de outras empresas dos Levy.

Curiosamente, o próprio Müller tinha escrito, anos antes da sua primeira conversa sobre sua ida para o jornal, uma matéria sobre os planos de Luiz Fernando para a *Gazeta*, que foi publicada pela revista *Expansão*, na qual ele trabalhava. A matéria foi editada no dia 3 de outubro de 1973, bem no início, portanto, do processo para incrementar a *Gazeta* decidido pela família Levy e que estava sendo tocado por Hideo Onaga. O título da matéria foi "Renascendo sem queimar etapas", e foi ilustrada com foto de Luiz Fernando (que tinha então apenas 34 anos) e de Omar Bittar. A legenda já indicava qual seria o público-alvo da *Gazeta* depois do seu renascimento: "Um mercado que vai do contador ao presidente".

As declarações de Luiz Fernando sobre o modelo que seria adotado pela *Gazeta* eram vagas nessa entrevista à *Expansão*. "A decisão de reformar o jornal e transformá-lo num matutino econômico e financeiro e de negócios atende à demanda reprimida" por informações da parte de executivos. A *Gazeta* adotaria uma linha editorial "independente e objetiva" para informar e influir. Bittar, que tocaria o projeto pelo lado administrativo por alguns anos, forneceu mais detalhes: o desenvolvimento do plano para o "novo" jornal tinha demorado três anos e representantes da empresa tinham ido ao exterior para aprender com outros jornais. Bittar disse também que, depois de apenas um mês de circulação da *Gazeta*, nessa nova fase o número de assinaturas tinha aumentado entre 30% e 40%.

A matéria na *Expansão* também abordou como seria o relacionamento da *Gazeta* com as empresas controladas pela família Levy (a revista trouxe uma lista dessas companhias). Luiz Fernando afirmou que "se dermos força ao jornal, ele estará indiretamente ajudando a formar e a solidificar a imagem de todo o grupo". A *Gazeta* "não será uma arma, mas um instrumento do grupo".

A *Expansão* (que tinha como *slogan* "A revista brasileira de negócios") foi fundada por Francisco Crestana e F. Harvey Papell, este último um americano formado na turma de 1954 de Harvard que veio morar no Brasil. Foi uma das publicações pioneiras no país a ser voltada basicamente a temas econômicos e de negócios. A revista durou relativamente pouco tempo e depois foi vendida para a editora Abril, mas muitas pessoas, inclusive Roberto Müller, consideram que ela serviu como uma espécie de laboratório para algumas das ideias que norteariam a *Gazeta*.

Praticamente, todos os jornalistas que trabalharam na *Expansão* foram depois para a *Gazeta*. Entre eles, Glauco Carvalho, que ficou 34 anos no jornal, em vários cargos de chefia da redação. Na época da compra da *Expansão*, a editora Abril tinha um núcleo de revistas chamadas de técnicas, que incluía títulos como *Transportes Modernos, Plásticos e Embalagem, Comércio Exterior* e *O Carreteiro*.

A "especialidade", por assim dizer, da *Expansão* eram entrevistas com presidentes de grandes empresas, cujas fotos em geral ilustravam suas capas. Assim aconteceu com os principais dirigentes da Brasinca, da Duratex, da Shell. Personagens consideradas difíceis de falar à imprensa foram convencidas a conversar com seus repórteres, como Silvio Santos e Adolpho Lindenberg (dono da construtora que leva seu nome).

Também foram devidamente retratados e entrevistados nomes marcantes do setor de mídia, como Victor Civita (capa da edição de 28 de janeiro de 1972), M. F. Nascimento Brito, do *Jornal do Brasil* (edição de 7 de março de 1975, com uma manchete intrigante: "Um jornal igual, só que muito diferente"), Walter Clark, da TV Globo (edição de 5 de julho de 1973), e Júlio de Mesquita Neto, de *O Estado de S. Paulo* (em 13 de novembro de 1974, com o título "O segredo de 100 anos vigorosos"). Raras foram as matérias com mulheres numa época em que se contavam nos dedos de uma mão as empresas ou os bancos que mantinham executivas em cargos de direção. Uma delas era Myriam Lee, das Molas Sueden (edição de 22 de agosto de 1973 da *Expansão*). Pelé também foi capa: "A sobretaxa incômoda da fama", em 3 de outubro de 1975.[28]

O começo da transformação da *Gazeta* foi recontado em entrevista por uma pessoa da família Levy. Antônia Levy, uma das filhas de Luiz Fernando, lembra bem das histórias contadas pelo pai sobre a criação e os primeiros tempos da "nova" *Gazeta*.[29] Ela disse que se considera a mais próxima do pai entre os cinco filhos (de dois casamentos) de Luiz Fernando por ter se interessado, desde cedo, pelos negócios da família. Os dois conviveram muito nos últimos anos de vida de Luiz Fernando, que faleceu em 3 de outubro de 2017.

> Ele falava muito que, quando começou a *Gazeta*, um jornal mais voltado para economia e política, meio que não existia jornalismo econômico no Brasil. E aí qual seria o grande desafio disso? Na época, comunicação era um desafio. Um desafio seria conseguir um grupo de jornalistas que fossem fazer matérias que não fossem vendidas. Fazer um jornal que não fosse de matérias vendidas, que na época era muito comum. Especialmente quando se tratasse de (matérias sobre) negócios. Porque as empresas dependiam do que saía no jornal. Daí ele falava que

procurou em diversos grupos até que – e ele dava muita risada contando isso – ele falava: "Até que eu achei um grupo que era do PCB, Partido Comunista Brasileiro". E daí ele dava risada...

Antônia relembra detalhes do relato do pai sobre um dos primeiros encontros com Müller.

> Ele foi jantar na casa de um deles, que era o Müller. E daí ele falava: "Eu observei tudo. E eu fiquei muito impressionado, porque o cara era mais conservador do que eu" (risos, risos). E é muito verdade, porque o meu pai era um cara muito liberal (nos costumes). E os caras do PCB eram muito conservadores em vários aspectos. O meu pai falava que ele olhava como o Müller falava com a esposa dele, com os filhos, e como todos obedeciam ao Müller. E como era tudo bem organizado na casa dele. Como as pessoas só faziam as coisas depois que ele fazia. Parecia um exército. Ele ficava pensando na casa dele, na casa do pai dele, nas histórias da infância. Imagine, com nove filhos. Era uma loucura. Coitada da minha avó... Daí, ele falou: "Vou fechar com esses caras, porque isso aqui é organização militar. Pelo menos, eu só vou ter que falar com um cara, não vou ter que ficar cuidando de todos os jornalistas." Porque essa era uma preocupação dele. Enquanto você está construindo uma empresa tem que ficar cuidando do editorial. Depois do jantar, ele falou como o Müller: "Meu compromisso é que eu não vou me meter nas matérias. Não vou. Esse é meu compromisso. Não vou falar nada, não vou pedir para tirar nada." Daí o Müller ficou feliz e bem impressionado. Porque isso era bem difícil naquela época.

Para tocar o projeto, a empresa precisava financiar os investimentos necessários à reformulação do jornal – era preciso, obviamente, contratar mais jornalistas, já que não seria possível tocar uma publicação com a meta de torná-la importante com uma equipe tão diminuta quanto a que havia na era pré-mudanças.

Para isso, a família Levy vendeu uma rotativa (que tinha sido fabricada em 1918, segundo o livro *Anábase*) e o predinho da rua do Gasômetro, onde Miriam Cassas começara a trabalhar poucos anos antes. Por meio de um acordo da família Levy com os controladores do grupo Folha, os empresários Octavio Frias de Oliveira e Carlos Caldeira Filho, a redação e a impressão da *Gazeta* passaram para um prédio anexo à sede da *Folha*, na alameda Barão de Limeira, no centro velho de São Paulo. Anos depois, a redação e toda a área administrativa e comercial passaram para um prédio na rua Major Quedinho, de onde era possível ir a pé para o então centro econômico-financeiro da cidade, onde tinham suas sedes os principais bancos, a bolsa de valores, outras instituições financeiras, grandes empresas, como o grupo Votorantim, e muitos escritórios de advocacia por causa da proximidade do Fórum.

Os dois grupos – a Folha e a família Levy – já tinham feito negócios. Herbert Levy foi o primeiro dono do *Notícias Populares* (NP), um jornal que, como o nome indicava, era voltado para leitores de menor renda. O projeto do *Notícias Populares* foi ideia de um jornalista romeno que se mudara para o Brasil, Jean Mellé, que trabalhara anteriormente em outro diário, o *Última Hora*, de Samuel Weiner. Mellé procurou Herbert Levy com o propósito de convencê-lo a fundar um jornal "anticomunista". Levy topou e juntos criaram a publicação em 1963, época em que ferviam os argumentos pró e contra o governo João Goulart. Depois de apenas três anos, Herbert Levy vendeu o *Notícias Populares* para Frias e Caldeira. Enquanto foi dono do NP, especialmente no período anterior ao golpe que derrubou o presidente João Goulart, Levy usou a publicação como megafone das suas ideias de oposição ao governo federal, como retrata um livro sobre o jornal,[30] *Nada mais que a verdade: a extraordinária história do jornal* Notícias Populares, de Celso de Campos Jr., Denis Moreira, Giancarlo Lepiani e Maik Rene Lima.

"Não é exagero dizer que o NP, no período de fevereiro a abril de 1964, virou uma espécie de tribuna da UDN (partido político a que Herbert era filiado até que o governo militar extinguiu os partidos, permitindo apenas a atuação da Arena, situacionista, e MDB, de oposição)", afirmam os autores do livro. Uma matéria do início de março de 1964 do *Notícias Populares* é um exemplo significativo da posição do jornal e de seu dono. O título era: "Levy: governo tem interesse em subverter a ordem". O texto começava assim: "O deputado federal Herbert Levy proferiu, sexta-feira última, na Associação Comercial e Industrial de Campinas, palestra sobre o aniquilamento econômico e a ameaça à liberdade que se processa no país". No dia 19 de março, o jornalista Jean Mellé, em sua coluna, citava palavras de Herbert Levy, que chamava o presidente Jango Goulart de "fraude". Na redação, segundo o testemunho de jornalistas citados pelo livro *Nada mais que a verdade*, ao final da tarde do dia 31 de março de 1964, Luiz Fernando

Levy e Jean Mellé se abraçaram, comemorando por antecipação a vitória das Forças Armadas e a derrubada do governo Goulart.

Poucas vezes a família Levy explicou a decisão de criar o *Notícias Populares*, um jornal que não tinha nenhuma relação com o projeto que seria tocado uma década mais tarde na *Gazeta Mercantil*. Uma rara entrevista sobre o assunto foi concedida por Luiz Fernando a Gisela Taschner Goldenstein, para sua tese de mestrado em Sociologia defendida na Faculdade de Filosofia, Letras e Ciências Humanas da Universidade de São Paulo, posteriormente transformada em livro:[31] "Nós tínhamos através da atitude principalmente do meu pai uma situação empresarial definida, ligada a banco, atividades agrícolas e comerciais e uma atitude política representada pela atuação política dele, desde a mocidade etc. E nunca houve uma dissociação entre a atividade empresarial e a política." Com a renúncia do presidente Jânio Quadros, em 1961, o grupo do qual faziam parte membros da família Levy comungava o diagnóstico de que o Brasil caminhava para o precipício e resolveu agir contra as ideias do presidente João Goulart. No início de 1963, o Brasil:

> [...] era um país falido, com as estruturas completamente deterioradas [...]. Então nós, dentro da linha que vínhamos seguindo, resolvemos atuar em todos os campos, no sentido de impedir que o caos tomasse conta das coisas e que os grupos ligados tanto ao radicalismo de esquerda quanto aos corruptos que se aproveitavam do poder – e que estavam associados no processo de mudança da situação – alcançassem seus objetivos.

Foi nesse contexto, portanto, que esse grupo que combatia a esquerda tomou uma série de decisões, inclusive de manifestações contra palestras do presidente do órgão que viria a ser o Incra (reforma agrária) e do ministro da Educação; também, da criação do *Notícias Populares* para se contrapor ao *Última Hora*. Luiz Fernando foi o filho de Herbert escolhido para tocar primeiro o *Notícias Populares* e depois a *Gazeta*, o jornal que lhes deu enorme prestígio e acesso a presidentes da República, governadores e ministros, donos de bancos e de grandes empresas.

Curiosamente, a postura da família Levy em relação à cobertura política na *Gazeta* foi muito diferente da mantida por eles no *Notícias Populares*. Depois de usar o NP como um instrumento de pressão política, a atitude dos Levy foi de manter-se "neutra".

O economista André Lara Resende, observador atento da imprensa, resumiu a visão que se tinha sobre a influência do pensamento político dos Levy na cobertura do jornal: "Um mérito da família controladora era que o conservadorismo do Herbert Levy não era passado para o jornalismo. Mas, na época, a cobertura de política da *Gazeta Mercantil* não era muito importante."[32]

Matías M. Molina, super-respeitado jornalista de economia que foi o braço direito de Müller na redação da *Gazeta*, tendo formado gerações de repórteres, lembra que, mesmo quando foi editor-chefe do jornal, não tinha alçada sobre os editoriais, os textos que expressam a opinião dos donos do jornal. "Nunca li os editoriais antes da sua publicação. Também não lia depois", disse ele. Durante muitos anos, quem definia qual jornalista escreveria o editorial e sobre qual assunto era Henrique Araújo, primo dos Levy e que exerceu cargos de direção administrativa na empresa. João Santana, que foi ministro no governo Collor e executivo do grupo Constran, foi responsável pela página de "Opinião" da *Gazeta* durante alguns anos na década de 1980. Para ele, os princípios básicos dos editoriais eram a defesa da liberdade e o questionamento de medidas autoritárias. Herbert Levy poderia ser considerado um exemplo de liberal clássico.

Jornalistas que foram encarregados de escrever os editoriais da *Gazeta* (que, como em todas as publicações, supostamente retratavam a opinião dos donos) relatam que a orientação sobre os textos era dada pela família Levy, mas a forma como eram escritos ficava a cargo dos editorialistas. Mário Alberto de Almeida, que teve três passagens pela redação do jornal, a primeira delas como editorialista entre 1976 e 1977, lembrou que era o próprio deputado Herbert Levy quem o orientava, verbalmente, sobre os editoriais; não pedia, porém, para ler antes da publicação.[33]

Herbert Levy – que era chamado de Dr. Herbert pela redação – "jamais impôs a publicação ou censura de uma matéria", garantiu Müller. Com uma exceção, pelo que ele se lembra. Uma vez, Herbert mandou para a chefia da redação um texto pronto, uma entrevista com um cafeicultor de Mococa, cidade do interior do estado de São Paulo. Müller contou que pensou: "E agora? Uma regra minha era que só profissionais da redação da *Gazeta* podiam publicar suas matérias no jornal." O material não saiu no dia em que ele o recebeu. Herbert defendeu a publicação do seu material com o argumento de que ele também era jornalista – de fato, seu currículo oficial, como mencionado no capítulo "A família na política", indica que ele, no início da sua vida profissional, aos 16 anos em 1927, trabalhou como repórter. Müller relutou em editar o texto escrito por Herbert – "parece chapa branca". Resolveu, então, publicar a matéria sobre café em Mococa com a sua assinatura e mandou que saísse em uma coluna no alto da página, o que indicaria um destaque moderado para a entrevista. Müller não explicou, na época, aos seus colegas de chefia da redação a origem da matéria nem sua assinatura.

Desde o início da "nova fase" da *Gazeta*, pós-1973, o jornal publicava artigos nas páginas de "Opinião", com os editoriais e as charges. Durante muitos anos, os articulistas eram comumente pessoas de pouca expressão nacional, como dirigentes de pequenas empresas ou de cooperativas do interior do país. São dezenas de exemplos que mostram textos em defesa de um determinado setor. Aos poucos, o jornal começou a atrair articulistas de renome – em setembro de 1979, por exemplo, a *Gazeta* publicou textos do ex-ministro da Fazenda, Octavio Gouveia de Bulhões, e do professor de economia da Unicamp, Luiz Gonzaga Belluzzo.

Os jornalistas

Na formação da nova equipe, depois que a família Levy resolveu investir no jornal, boa parte da redação era constituída de jornalistas mais próximos politicamente da esquerda – o próprio Roberto Müller se encaixa nesse perfil. Nascido em Ribeirão Preto, progressista cidade do interior do estado de São Paulo, começou a carreira como químico da Companhia Siderúrgica Paulista, a Cosipa, empresa estatal com sede em Cubatão, que foi privatizada em 1993. Militante do Partido Comunista na Baixada Santista, Müller foi preso aos 23 anos, em 1964, por causa das suas atividades políticas, e ficou cerca de um mês confinado nos porões do navio Raul Soares, ancorado em Santos, o qual serviu como presídio nos primórdios da ditadura. Migrou para o jornalismo e trabalhou na *Folha de S.Paulo* e na revista *Expansão*.

Müller confirmou que contratou muitos jornalistas considerados de esquerda para a redação da *Gazeta*. Pelo que ele se recordava, apenas uma vez a família controladora do jornal levantou alguma objeção quanto à escolha do jornalista Dirceu Brisola, que ocupou vários cargos na redação, chegando a chefiá-la nos anos 1990. Herbert Levy comentou com Müller que sabia que Dirceu era um "perigoso comunista", mas depois que Brisola e Luiz Fernando conversaram, sua contratação foi aprovada sem dificuldades. Tinha, claro, jornalistas com outros perfis, mais conservadores do ponto de vista político, mas havia unanimidade (ao menos aparente) na oposição, discreta, ao governo militar. Müller fazia questão que a opinião dos jornalistas não fosse manifestada nas matérias.

Müller defendia a tese de que o interesse pela política ajuda na formação de bons jornalistas, como disse em entrevista ao livro *Eles mudaram a imprensa*.[34] "Acho que o gosto pela política tem alguma coisa a ver com o gosto pela informação, pelo que está acontecendo no mundo, pelas transformações, com o ideal de revolucionar o mundo. Isso nos leva a ser mais curiosos, mais atentos, e daí ao jornalismo é um pequeno passo."

Matías Molina, por sua vez, lembrou que o jornal contratou jornalistas que não apenas evidenciavam ideias políticas muito diferentes dos princípios conservadores da família Levy, mas que também tinham tido atividades consideradas subversivas pelo governo militar, como foi o caso de Armênio Guedes, que militou décadas no Partido Comunista, sendo que, em boa parte desse período, o partido era considerado ilegal. Outro exemplo foi o de Ottoni Fernandes Júnior, contratado como repórter da editoria de Finanças pouco tempo depois de ter saído da prisão – ele tinha sido condenado por sua militância na Ação Libertadora Nacional (ALN) durante os primeiros anos da ditadura militar; nesse período, chegou a assaltar bancos. Na *Gazeta*, na qual chegou a diretor-geral da regional de São Paulo, fez muitas entrevistas com dirigentes do mercado financeiro, inclusive de bancos que assaltara.

Curiosamente, segundo Molina, a chefia de redação enfrentou algum problema na fase da ascensão do Partido dos Trabalhadores (PT) e do seu principal líder, Luiz Inácio Lula da Silva, em especial a partir da década de 1980. Uma boa parte dos repórteres era petista ou tinha simpatia pelo partido, e alguns deles acreditavam que qualquer informação vinda do PT ou dos associados merecia crédito e matéria. "Era uma reação quase

Gazeta Mercantil

instintiva", afirmou Molina. A reação da chefia era checar se as matérias eram procedentes e em alguns casos pedir que fossem refeitas.

A proximidade com partidos de esquerda, na redação, foi colocada à prova na greve dos jornalistas de São Paulo de maio de 1979, numa fase do país em que o número de greves de trabalhadores aumentou e ganhou destaque. Os jornalistas de São Paulo reivindicavam um aumento de 25% nos salários e imunidade para os representantes sindicais nas redações. Na visão de Müller, "todo mundo estava fazendo greve, menos os jornalistas, eles queriam também fazer greve". E greve de jornalistas, especialmente naquela época, quando as publicações chegavam às mãos dos leitores apenas no formato impresso, era algo muito complicado, porque era essencial a adesão dos funcionários das gráficas e também das distribuidoras de jornais e revistas. Como Müller e outros jornalistas temiam, os jornais, as rádios, funcionaram apesar da greve e ainda a noticiaram. Um grupo de jornalistas, que incluía o próprio Müller e Cláudio Abramo (um dos mais importantes jornalistas do país, que na época trabalhava na *Folha de S. Paulo*), negociou com os donos de jornais um acordo, com proposta "um pouco melhor do que a que vinha sendo apresentada". A proposta foi, porém, rejeitada pelo Sindicato dos Jornalistas e quando a greve acabou, fracassada, houve demissões ou outras punições a jornalistas em todos os jornais, exceto na *Gazeta*, conforme se lembra Müller.

Em depoimento ao livro *Eles mudaram a imprensa*, Müller revelou, pela primeira vez, o plano que armou para evitar que jornalistas fossem demitidos depois da greve. Segundo ele, os donos de jornais tinham combinado entre si que haveria punições. Luiz Fernando havia assumido o compromisso com Müller de que jornalistas não seriam punidos, mas disse a Müller que estava num impasse. A proposta de Müller, aceita pelo dono do jornal, foi os dois fingirem que haveria punição, que se constituiria no desconto das horas paradas dos grevistas, mas isso não aconteceria. Os editores foram comunicados desse "acerto" entre patrão e diretor de redação, e admoestados a não comentar com ninguém.

A leitura das edições da *Gazeta* durante os dias de greve em maio de 1979, como mostram os exemplares disponíveis na Biblioteca Mário de Andrade, apresenta matérias sem assinatura dos autores, contrariando a norma estabelecida por Müller. E, como aconteceu em outras publicações, a greve foi noticiada na *Gazeta*, na primeira página, no dia 24.

Célia de Gouvêa Franco

O quadro de jornalistas com perfil mais à esquerda contrasta com o de outros jornais na época do governo militar. Redações dos grandes jornais nacionais, como a de *O Estado de S. Paulo, O Globo, Jornal do Brasil* e *Folha de S.Paulo* mantinham redações ecléticas, com jornalistas que se alinhavam politicamente em variados campos, mas em outras publicações havia uma clara tendência de privilegiar a contratação de profissionais mais alinhados com o governo militar. Foi o que aconteceu notoriamente na *Folha da Tarde*, o segundo jornal do grupo Folha. Como foi documentado em relatório feito pelo jornalista Oscar Pilagallo,[35] a partir de 1969, com o endurecimento do regime militar e o "milagre econômico", a *Folha de S.Paulo* adotou posição "acrítica" em relação ao governo e praticou a autocensura. Essa postura levou à contratação pela *Folha da Tarde* de jornalistas que eram também policiais. A chefia era composta de um jornalista que era também assessor do delegado Romeu Tuma; outros dirigentes da redação eram um investigador de polícia e delegado, além de um agente do Departamento de Ordem Política e Social, o famigerado Dops.

A especialização dos jornalistas – havia o repórter que escrevia basicamente sobre fontes de energia e outro que cobria mercado de soja, para citar dois exemplos apenas – e o rigor na apuração dos dados levaram a *Gazeta* a ganhar influência junto ao público leitor. São muitos os testemunhos sobre a importância do jornal como fonte de informações oficiais e também sobre mercados – financeiro, mas, sobretudo, de *commodities* agrícolas e de metais, transportes, indústria e serviços. A *Gazeta* prestava um serviço essencial para seus leitores numa época em que o acesso a esses dados era complexo e na qual não era comum a existência de arquivos com estatísticas de longos períodos de taxas de juros ou preços de matérias-primas.

Além da divulgação de dados e de matérias mais analíticas sobre o impacto dessas estatísticas para a vida das empresas, ao longo de décadas a *Gazeta* se constituiu numa fonte importante de informações também sobre política econômica. Diferentemente do que hoje prevalece na imprensa de forma geral, a *Gazeta* procurava entrevistar não só os economistas do governo e os que trabalhavam nos bancos e no mercado financeiro, então ainda incipiente. Professores e especialistas dos institutos de pesquisas também eram ouvidos rotineiramente, e isso permitia uma visão global das questões econômicas mais importantes.

O jornal conseguia antecipar tendências, e dava furos sobre pesquisas e debates sobre macroeconomia. Um dos exemplos mais relevantes disso foi a publicação, em 1984, do primeiro texto escrito pelo economista André Lara Resende, que serviu de base para os planos Cruzado e Real, antes mesmo que o artigo – "A moeda indexada: uma proposta para eliminar a inflação inercial" – viesse a público como texto para debate do Departamento de Economia da Pontifícia Universidade Católica (PUC) do Rio de Janeiro, como conta o próprio autor do trabalho em um dos seus livros.[36] Naquela fase da economia brasileira, com inflação galopante – em 1984 chegou a quase 200% e em 1985 acelerou para 225% –, era intenso o debate sobre as causas da escalada dos preços e como estancá-la.

O artigo do Lara Resende foi editado na *Gazeta* por indicação do jornalista Celso Pinto, que, já naquela época, conversava frequentemente com o economista. A publicação do artigo na *Gazeta* provocou enorme reação entre economistas, como lembrou Resende em uma entrevista para um livro,[37] com manifestações contrárias e a favor de próceres como Mário Henrique Simonsen e Otávio Gouveia de Bulhões, dois que ocuparam o Ministério da Fazenda, entre muitos outros.

Comentários elogiosos sobre a *Gazeta* são feitos por jornalistas que nunca passaram pela sua redação, como Elio Gaspari, um dos mais prestigiados colunistas do Brasil das últimas décadas. Extremamente resistente a dar entrevistas, ele disse que não poderia deixar de falar sobre o jornal por causa da sua "mania" de não se manifestar:[38] "Considero a *Gazeta Mercantil* como uma das principais usinas de formação de jornalistas do país", lembrando de outras publicações que também tiveram esse papel, talvez em menor escala do que a *Gazeta*.

> O *Correio da Manhã*, lá atrás, foi uma escola mais voltada para a formação de jornalistas de política. O *Jornal do Brasil* também formou muita gente, mas metade dos que passaram por lá abandonou a profissão de jornalistas, como o Armando Strozenberg, que acabou indo para a publicidade. [Iniciou sua carreira como repórter e atuou como redator, correspondente internacional e editor de reportagem do *Jornal do Brasil*. Em 1983, criou a Agência Contemporânea.] A *Realidade* foi uma miniescola. A *Veja* também formou muitos jornalistas. Mas, se você olhar o número de jornalistas formados pela *Gazeta* e pela *Veja*, acho que a *Gazeta* formou mais gente do que outras publicações. Jornalistas que estão na ativa. E isso é mérito do Müller.

De fato, muitos dos que são considerados os melhores jornalistas de economia e negócios (e alguns de política também) do país passaram pela redação da *Gazeta*, seja em São Paulo, seja em Brasília, bem como no Rio ou em outras sucursais.

Gaspari vai, porém, além de elogiar a *Gazeta* como formadora de jornalistas:

> A *Gazeta* mudou a maneira de se fazer jornalismo econômico no país. Uma vez, Müller contou que recebeu certa feita o Wolfgang Sauer, que pediu que não fosse publicada uma matéria sobre a Volkswagen. Müller disse tudo bem, tudo bem, mas vou fazer um pedido também – que se pare de fabricar a Kombi por um mês. Como assim? O senhor tem a missão de fabricar Kombis, eu de produzir notícias...

Müller tinha comentado que convidara Elio Gaspari para trabalhar na *Gazeta*. Convidou? "Convidou, mas não queria sair da *Veja*. Não era porque a *Gazeta* não era minha praia. Eu não queria sair da *Veja*."

Alessandro Merli, jornalista italiano por 40 anos, 32 dos quais no *Il Sole 24 Ore*, foi correspondente em Londres e em Frankfurt. Veio muitas vezes ao Brasil para reportar sobre a política e a economia do país. Atualmente, é professor na Università di Bologna. Consultado sobre sua opinião a respeito da *Gazeta*,[39] Merli lembrou que passou a ter contato frequente com o jornal e com seus jornalistas quando se tornou correspondente em Londres. Os escritórios do *Il Sole 24 Ore* e da *Gazeta* eram no prédio do *Financial Times* (FT), que acomodava na sua sede os jornalistas de publicações que tinham o direito de reproduzir o conteúdo do FT. Em março de 1987, quando Alessandro foi para Londres, o correspondente da *Gazeta* era Tom Camargo. Quando veio ao Brasil para acompanhar as eleições de Tancredo Neves no início do processo de redemocratização do país, Alessandro já tomara conhecimento da existência da *Gazeta*.

Tom e ele passaram a ir a muitas entrevistas e eventos juntos – Alessandro fala português, porque é casado com uma portuguesa. Já nessa época, percebeu o prestígio da *Gazeta* e cita um exemplo importante. Quando o Foreign Office organizou uma viagem de jornalistas estrangeiros às Falklands/Malvinas, convidou apenas cinco pessoas, entre elas Alessandro e Tom, embora outros jornais brasileiros de maior circulação também mantivessem correspondentes em Londres.

Gazeta Mercantil

Para Alessandro, esse prestígio foi um dos legados da passagem de Matías Molina por Londres – ele foi o correspondente anterior a Tom. Alessandro conviveu com outros três jornalistas da *Gazeta* em Londres: Celso Pinto, Maria Clara R. M. do Prado e Fernando Dantas. Todos "profissionais de alto nível". Alessandro diz que aprendeu muito com eles e que a qualidade do trabalho desses jornalistas mostrava como era importante o trabalho de Molina na escolha dos profissionais que eram convidados a atuar no jornal.

Nas viagens ao Brasil, para escrever sobre economia e política, durante as décadas de 1980 e 1990 e início dos anos 2000, Alessandro pôde constatar que a *Gazeta* não tinha um ranço paroquial – ao contrário, apesar da maior dificuldade da época de acesso a informações internacionais do que acontece em 2024, o jornal era muito parecido nos temas e na abordagem ao *Financial Times* e ao *The Wall Street Journal*. E isso ele atribuiu à influência de Molina. Era um jornal que se antecipou ao tempo, segundo mencionou.

Ele conta ainda um episódio que mostra o bom nome da *Gazeta* e dos seus jornalistas junto a economistas de fora do Brasil, no caso Rudiger Dornbusch, um dos mais influentes no seu campo, falecido em 2002. Alessandro foi aluno dele no Massachusetts Institute of Technology (MIT) e, por causa disso, era periodicamente convidado para participar de encontros com pessoas como George Soros ou economistas como Armínio Fraga. Jornalistas não eram convidados nunca para esses encontros – com uma única exceção, tanto quanto Alessandro saiba: Celso Pinto participou de, pelo menos, uma dessas reuniões.

Os bancos

Boa parte dos assinantes do jornal era do mercado financeiro. De certa forma, o crescimento do prestígio, da receita publicitária e do número de assinantes está relacionado às mudanças por que passou o sistema bancário brasileiro nos anos 1970 e 1980. Segundo José Marcos Konder Comparato, era muito grande o número de bancos e de empresas correlatas na década de 1970 – mais de 250 instituições. Comparato, engenheiro da Politécnica da USP, teve uma longa carreira em várias empresas do grupo Itaú, de 1974 a 2011, quando era membro do conselho fiscal da Itaúsa. Ele se lembra bem desse cenário de bancos pequenos ou médios instalados em cidades do interior do país e que deixaram de existir há décadas, como o Banco F. Barreto, de Santa Rosa do Viterbo, no estado de São Paulo. Muitas famílias quatrocentonas de São Paulo, Minas Gerais e Rio de Janeiro ou ligadas a atividades como a produção de cana-de-açúcar, no Nordeste, tinham seus bancos, como os Gastão Vidigal, Paula Machado, Magalhães Pinto, Prado. Gradualmente, foram surgindo instituições financeiras criadas por famílias menos tradicionais, como o Banco Auxiliar, dos Bonfiglioli, e o Banco da América, dos Levy. As elites dos estados do Sudeste prestigiavam os bancos dos quatrocentões em detrimento dos fundados pelos *outsiders*.[40]

Eram ainda incipientes a regulamentação e a fiscalização por parte das autoridades monetárias. O Banco Central do Brasil (BC) foi criado em dezembro de 1964, mas apenas mais de 20 anos depois houve um re-ordenamento financeiro governamental com a separação das contas e das funções do BC, do Banco do Brasil e do Tesouro Nacional.

Em 1974, conforme detalhou uma publicação da *Gazeta Mercantil*, o relatório "Os Bancos", de 27 de dezembro do mesmo ano, de 87 bancos privados existentes no início de 1974 no país, 8 mudaram de mãos e 7 dei-xaram de existir ao longo do ano. O governo atuou para escolher os bancos que deveriam ser vendidos e quem deveriam ser os compradores.

Em um relato do Banco Itaú Unibanco, que reconta sua história de 90 anos, informa-se que:

> [...] a concentração bancária era uma marca evidente da conjuntura dos anos 1960. No início da década, havia 350 bancos nacionais e oito estrangeiros operando no país. Dez anos depois, os mesmos oito ban-cos estrangeiros continuavam funcionando, mas os nacionais haviam se reduzido para 170. Só entre 1961 e 1966, 10,5% das instituições bancárias foram absorvidas, enquanto o número de agências aumen-tou em 31,3%. Essas mudanças no sistema eram consequência direta das reformas e da ação do governo, no estrito cumprimento da política traçada por (Octavio) Bulhões e (Roberto) Campos. Olavo (Setúbal) compreendeu o momento e apossou-se dele.[41]

A "necessidade" de ler a *Gazeta* era tão grande que exigiu de alguns leitores verdadeiras operações de guerra para receber o jornal em cidades fora do eixo São Paulo-Brasília-Rio de Janeiro. Foi o que contou Roberto Vinhaes, fundador das gestoras de recursos IP Global Capital Partners e Nextep Investimentos. Em depoimento disponível no YouTube,[42] ele con-ta que morava, na década de 1980, numa fazenda de cacau no interior da Bahia, mas queria se manter informado sobre finanças. Para isso, mon-tou um esquema especial para receber a *Gazeta* de segunda a sábado. Um exemplar do jornal era entregue diariamente a uma pessoa da tripulação do voo que ligava o Rio a Ilhéus, que repassava a *Gazeta* para um motorista da empresa de viação São Geraldo. Quando o ônibus passava perto da fazenda, já no fim da tarde, alguém estava esperando para receber o jornal.

O economista Jorge Simino Júnior, que é, desde 2005, diretor de investimentos e patrimônio da Fundação Cesp (fundação de previdência que hoje se chama Vivesp), conta que começou a trabalhar no mercado financeiro em junho de 1981 como analista de investimentos *trainee* do então Unibanco.[43] A leitura da *Gazeta* era a primeira tarefa da manhã – "era a única fonte com dados exaustivos dos mercados, seja em termos de notícias, seja em termos de estatísticas". Logo na sua primeira semana de trabalho no banco, foi dada a Simino a tarefa de compilar os preços do suco de laranja na bolsa de Chicago no período entre 1976 e 1981.

> Pois bem, como fiz isso? Fiquei cinco dias lá na sede da *Gazeta*, manuseando os jornais e coletando as cotações do suco de laranja em três dias de cada semana daqueles cinco anos. Resumo: a *Gazeta* era a única fonte que tratava os assuntos com profundidade. Na época, *Estadão* e *Folha de S.Paulo* tinham um bom caderno de Economia, mas que não tinham o mesmo detalhamento nos temas.

Luiz Carlos Mendonça de Barros, com larga experiência no mercado financeiro, tendo sido presidente do Banco Nacional de Desenvolvimento Econômico e Social (BNDES) e ministro das Comunicações, é outro que relembra como a necessidade de informações confiáveis foi atendida em grande parte pela *Gazeta*. Com o começo do amadurecimento do mercado financeiro, com a expansão das operações de *overnight* (aplicações de um dia para outro), consideradas uma proteção contra a inflação acelerada, "começou a necessidade de você ter informação confiável. Eu me lembro de que a Angela Bittencourt tinha duas páginas de dados todos os dias. E a *Gazeta* passou a ser um jornal de referência para todo mundo do mercado", recorda Mendonça de Barros.[44] "O que me interessava era finanças. Muitas vezes, a gente ia comprar a *Gazeta* na banca antes de receber o jornal das assinaturas, porque era importante ter acesso rapidamente à informação." Nos anos 1970 e 1980, foi sócio primeiro da corretora Patente e depois do Planibanc. "O sucesso da *Gazeta* foi muito resultado da falta de informações para as pessoas do mercado. O jornal conseguiu juntar num único espaço informações que estavam esparsas."

Gazeta Mercantil

O papel do jornal, obviamente, ultrapassava essa tarefa de divulgador das decisões do governo federal, de estados e municípios e cotações dos mercados, mas não há dúvidas de que a publicação dessas informações serviu como atração para muitos leitores e assinantes. O economista André Lara Resende contou que a *Gazeta* era importante quando ele trabalhava no Banco Garantia, na década de 1980, porque era uma fonte de informações sobre as empresas que tinham ações na Bolsa de Valores. Ao falar sobre o jornal, ele ressaltou que seus comentários eram uma reinterpretação à luz das suas lembranças. "A área de pesquisa do Garantia usava muito a *Gazeta Mercantil* como base. Na época, as empresas 'operavam' menos o mercado e se confiava nas entrevistas."

Suas lembranças são de que a cobertura de macroeconomia e de política da *Gazeta* era muito acima da de outros jornais. A *Gazeta* brilhava relativamente sozinha. "Tinha o Celso (Pinto), que estava em outro patamar. Havia, de fato, um diálogo inteligente sobre macroeconomia. Matías Molina também era muito bom, acima do nível de outros jornalistas."

Para Lara Resende:

> [...] houve, de certa forma, um paralelismo entre o que aconteceu na condução da política econômica e o crescimento da *Gazeta Mercantil*. As reformas tocadas por Roberto Campos, Octavio Gouvêa de Bulhões, Bulhões Pedreira e Alfredo Lamy Júnior, com a criação do Banco Central e a formulação da Lei das Sociedades Anônimas, levaram o Brasil para o que poderia ser considerado um capitalismo mais moderno. A modernização se manifestou com a expansão dos mercados financeiro e de capitais e com a Comissão de Valores Mobiliários (CVM). A *Gazeta*, que era um jornalzinho paulista provinciano, soube aproveitar esse momento.

Para ele, a publicação de matérias da revista *The Economist* supria a defasagem que havia em relação a informações internacionais. E não há dúvidas de que o modelo de jornalismo econômico da *Gazeta* foi copiado por outros jornais, entre eles *Folha de S.Paulo* e *O Estado de S. Paulo*.

A decisão do deputado Herbert Levy e de sua família de investir na *Gazeta* também ocorreu em um momento oportuno, em que o mercado financeiro e de capitais começava a deslanchar no país, lembra Roberto Teixeira da Costa, primeiro presidente da Comissão de Valores Mobiliários, criada em 1976.[45] Naquela época, diz ele, a única publicação que cobria assuntos de interesse dos mercados era o *Jornal do Commercio*, do Rio de

Janeiro, que circulou até 2016. Ou seja, havia espaço para publicações que ajudassem os investidores e os operadores do mercado a se manter atualizados.

Parte do sucesso da *Gazeta* pode ser atribuído à decisão de se escrever e dar destaque às matérias sobre empresas e negócios. Klaus Kleber lembrou que a "*Gazeta* inovou, porque passou a tratar as empresas como geradoras de notícias. Na época, isso era inusitado. Para muitos jornalistas e suas publicações, tratar de empresas era uma 'louvação' delas. Era comum se falar que escrever sobre empresas era como um osso que se dava aos cachorros para agradar os empresários".[46]

A concorrência à *Gazeta* cresceu mesmo nos seus anos dourados, de maior prestígio. Periodicamente, a empresa enfrentava problemas financeiros, mas em alguns períodos o impacto dessas dificuldades era menos contundente do que se verificaria nos últimos anos de existência do jornal. Um dos jornais especializados em economia que ganhou espaço em determinados períodos foi o *Diário do Comércio e Indústria* (DCI), criado em 1934, em São Paulo, e que tradicionalmente era voltado para notícias sobre pequenas e médias empresas.

O controle do DCI trocou de mãos várias vezes, sendo que os seus mais recentes proprietários foram Hamilton Lucas de Oliveira, dono da Indústria Brasileira de Formulários (IBF), que comprou a publicação em 1990; e a família do ex-governador paulista Orestes Quércia (falecido em 2010), que se tornou dona da empresa em 2002. Em 2019, foi anunciado que o jornal encerraria suas atividades – inclusive o site. De acordo com entrevistas concedidas na época pelo diretor executivo do DCI, Raphael Müller, a medida provisória assinada pelo presidente da República, Jair Bolsonaro, no início de agosto, que desobrigou empresas de publicarem balanço em jornais de grande circulação, permitindo a veiculação apenas na internet, teve peso na decisão: "Não foi a questão preponderante, mas, com certeza, criou um cenário de muita incerteza." A questão da publicidade legal e de seu peso no faturamento da *Gazeta Mercantil* é tratada no capítulo "Detalhes que faziam diferença". Em janeiro de 2024, dois dos filhos de Orestes Quércia e mais um sócio colocaram no ar o DCI Digital, que classificam como "uma startup de jornalismo independente e inovadora", que se dedica à cobertura de assuntos gerais, com grande ênfase em entretenimento.

Porta-voz dos empresários

Apesar da sua "feiura", e graças às táticas editoriais e à precisão das informações publicadas, a partir de meados dos anos 1970 e, principalmente, na década de 1980, a *Gazeta Mercantil* foi construindo uma sólida reputação, ao oferecer dados sobre economia, finanças e empresas, os quais grande parte dos homens de negócios tinha dificuldade de encontrar em outras fontes. Mais do que isso, o jornal passou a ocupar o papel de uma espécie de ponte entre o mundo corporativo e o governo, então controlado pelos militares desde 1964.

Com o crescimento e a diversificação do setor industrial no Brasil a partir do governo Juscelino Kubitschek – e, por consequência, também do comércio e do setor de serviços –, os empresários encontraram na *Gazeta* um microfone para levar suas demandas aos governantes em Brasília. Em muitos países, o jornal ou revista especializado em economia acaba funcionando como um canal de comunicação entre o poder estatal e o poder representado pelos homens de negócios, que transmitem seus pedidos e suas reclamações por meio de entrevistas e artigos. Pode-se considerar que esse papel é exercido, por exemplo, pelo *Financial Times*, na Grã-Bretanha, *The Wall Street Journal*, nos Estados Unidos, *Il Sole 24 Ore*, na Itália, e assim por diante. É notável, nesse aspecto, como a revista *The Economist*, lida mundialmente, continua a influenciar governos e empresas por décadas.

O outro lado dessa questão – as resistências dos empresários em falar com a imprensa durante o governo militar – é retratada por Sidnei Basile, jornalista que trabalhou 18 anos na *Gazeta*, o qual teve papel relevante tanto na redação como na área administrativa-comercial, quando substituiu Roberto Müller na direção da empresa.[47]

> Executivos, profissionais e empresários, além de tudo assustados e acuados pela censura à imprensa, achavam perigoso – ou no mínimo imprudente – estar por perto de uma instituição que vivia às turras com o poder. Especialmente aquele poder que agia sem qualquer outra possibilidade de contestação a não ser, exatamente, da imprensa.

Além disso, destaca Basile, "apenas engatinhavam o primeiro grande jornal de negócios do Brasil, a *Gazeta Mercantil*, e a primeira grande revista, a *Exame*". Sidnei Basile faleceu em 2011.

A redemocratização e o longo período em que o governo federal tentou, por meio de uma série de planos econômicos malsucedidos, combater a inflação foram determinantes na ampliação do espaço dado pela imprensa aos temas da economia, ressaltou Basile. O interesse dos leitores, fossem eles homens de negócios ou pessoas comuns, acentuou-se com os elevados níveis da inflação, que chegaram a estúpidos 81,3% no mês de março de 1990.

O papel de porta-voz e ponte entre empresários e mercado financeiro, de um lado, e governos, de outro, ganhou outro patamar de importância com a instituição da eleição dos Líderes Empresariais, uma iniciativa da *Gazeta Mercantil* em 1977. A cada ano, a partir dali, o jornal patrocinava uma eleição entre seus leitores sobre quais os empresários que melhor os representavam, cujo resultado era publicado no anuário *Balanço Anual*. Era uma eleição direta entre os leitores do jornal numa fase em que não havia eleições diretas no país para os principais governantes no Poder Executivo. O Congresso Nacional restabeleceu o voto direto para governador nas eleições de 1982 e os brasileiros só voltaram a eleger o presidente da República em 1989.

A iniciativa da *Gazeta* ganhou força política porque os escolhidos por seus pares, já no primeiro ano da criação dos Líderes Empresariais, resolveram manter conversas entre eles sobre o país, economia e política, criando um fórum de discussão. Com a ajuda e o incentivo dos professores João Manuel Cardoso de Mello e Luiz Gonzaga Belluzzo, ambos do Instituto de Economia da Unicamp, foi escrito um documento em que os eleitos defendiam a democracia.

Corajosamente – já que o país vivia sob o jugo da ditadura militar –, Antônio Ermírio de Moraes (Grupo Votorantim), Cláudio Bardella (da indústria batizada com seu sobrenome), Jorge Gerdau (grupo Gerdau), José Mindlin (Metal Leve), Laerte Setúbal Filho (Duratex), Paulo Vellinho (Springer), Paulo Villares (grupo Villares) e Severo Gomes (Tecelagem Parahyba) assinaram o manifesto. Segundo depoimento de Roberto Müller, antes de escreverem o documento, os dois economistas, Belluzzo e João Manuel, conversaram com todos os eleitos.

O texto ficou conhecido como *Documento dos Oito* – haviam sido eleitos dez empresários por seus pares, mas dois deles não o assinaram: Amador Aguiar, fundador e então presidente do Bradesco; e Trajano de Azevedo Antunes, do grupo de mineração Icomi.

O documento terminava com as seguintes afirmações:

> Acreditamos que o desenvolvimento econômico e social, tal como o concebemos, somente será possível dentro de um marco político que permita uma ampla participação de todos. E só há um regime capaz de promover a plena explicitação de interesses e opiniões, dotado ao mesmo tempo de flexibilidade suficiente para absorver tensões sem transformá-las num indesejável conflito de classes – o regime democrático. Mais que isso, estamos convencidos de que o sistema de livre iniciativa no Brasil e a economia de mercado são viáveis e podem ser duradouros, se formos capazes de construir instituições que protejam os direitos dos cidadãos e garantam a liberdade. Mas defendemos a democracia, sobretudo, por ser um sistema superior de vida, o mais apropriado para o desenvolvimento das potencialidades humanas. E é dentro desse espírito,

com o desejo de contribuir, que submetemos nossas ideias ao debate do conjunto da sociedade brasileira, e, em especial, de nossos colegas empresários e dos homens públicos.

A partir dessa iniciativa, alguns desses empresários passaram a ter importância no mundo político, principalmente por meio de declarações a favor da democracia. Dois deles foram além disso. Antônio Ermírio de Moraes foi candidato a governador de São Paulo, em 1986, por uma coligação de três partidos – PTB, PL e PSC[48] –, tendo sido derrotado por Orestes Quércia, que se candidatou pelo PMDB. Severo Gomes, por sua vez, foi ministro de dois governos e senador por São Paulo pelo PMDB.

"Foram precursores da defesa da democracia", comentou Roberto Müller. De certa forma, os signatários do *Documento dos Oito* foram contra a corrente do mundo corporativo – afinal, muitos empresários apoiaram e ajudaram o golpe de março de 1964, que destituiu o presidente João Goulart, e outros tantos foram beneficiários de decisões tomadas durante o governo militar. Müller lembrou que havia uma aliança entre militares, burocracia e empresariado para manter o *status quo*. E como os governantes de plantão reagiram à divulgação do manifesto dos empresários eleitos no pleito da *Gazeta*? "Não gostaram, mas engoliram", resumiu Müller.

O fato de terem assinado o *Documento dos Oito* não significa que todos eles tenham feito, de pronto, oposição ao golpe que derrubou o governo Goulart, em março de 1964. Em março de 2004, a própria *Gazeta* publicou longas entrevistas feitas pelo jornalista Otto Filgueiras com três dos signatários do manifesto e dois deles informaram, de forma clara, que tinham apoiado inicialmente o movimento que levou à queda de Jango, tendo mudado de opinião ao longo de anos.

Na entrevista, Paulo Vellinho, que já tinha naquela época vendido sua participação na empresa Springer e migrado para o agronegócio, contou que, na véspera do golpe, ele e um grupo de empresários tiveram uma reunião com o então presidente Goulart, que lhes assegurou que estava tudo tranquilo no país. O grupo não ajudou a organizar o golpe nem sabia, na verdade, das articulações nesse sentido, mas "apoiamos depois, porque realmente o país não nos dava tranquilidade".

O segundo entrevistado, na série de 2004, foi Laerte Setúbal, que foi diretor por décadas da Duratex e também da Federação das Indústrias do

Estado de São Paulo (Fiesp). Ele foi direto ao responder sobre o março de 1964: "Todo burguês como eu apoiou o golpe em 1964". Ele disse que apoiou os militares, mas depois ficou contra o governo deles: "Foi um desastre do ponto de vista político, embora tenha sido bom sob o ponto de vista de desenvolvimento do país."

O tom da entrevista do terceiro entrevistado (que, na verdade, foi publicada em primeiro lugar pela *Gazeta*) divergiu um tanto das respostas dos outros dois empresários. José Mindlin, que foi da Metal Leve durante décadas até sua venda, respondeu: "Não fui favorável ao golpe militar, mas a gente tem que reconhecer que havia uma ameaça de desordem, não de tomada do poder pelos comunistas (como os partidos e políticos de direita apregoavam), mas um verdadeiro caos, porque em 1964 o presidente João Goulart perdeu o controle da situação."

O Fórum de Líderes se constituiu no primeiro espaço onde alguns do setor empresarial puderam criticar o governo e, de certa forma, também fazerem sua autocrítica por terem apoiado a derrubada do governo João Goulart, em 1964, e o regime militar que o sucedeu, afirmou Fernando Luiz Abrucio, sociólogo e professor da Fundação Getulio Vargas, em São Paulo.[49] Quando estava terminando seu mestrado, Abrucio trabalhou por dois anos – entre 1994 e 1995 – como repórter de política da *Gazeta Mercantil*. Para ele, as eleições anuais dos empresários e os eventos em que os escolhidos se manifestavam foram um ponto de virada para a *Gazeta*, que passou a ser muito mais influente.

A *Gazeta* se tornou o jornal do poder, mencionou Abrucio, no sentido de que cobria o mundo real – dos negócios e das finanças –, mas também as relações entre esse círculo e o poder. Quando ainda estudante de Ciências Sociais na USP, ele foi orientado por um dos seus professores, Gildo Marçal Brandão, a ler a *Gazeta*, porque era o jornal que informava sobre o poder.

Quando foi entrevistado por Matías M. Molina para ser contratado como repórter, Abrucio ouviu que ser repórter de política no jornal era muito mais do que apenas escrever sobre eleições (em 1994, foram realizadas as eleições em que Fernando Henrique Cardoso ganhou de Luiz Inácio Lula da Silva pela primeira vez). Política é apurar e escrever histórias sobre greves, igreja, sindicatos, ensinou Molina, na lembrança de Abrucio. Os outros destaques da *Gazeta* foram a qualidade técnica da sua cobertura de economia e a especialização dos repórteres nos mais variados subsetores.

Autor de mais de uma dezena de livros sobre história econômica e ex-professor da Faculdade de Economia e Administração da Universidade de São Paulo (FEA/USP), Francisco Vidal Luna não considera que a *Gazeta* tenha desempenhado o papel de alto-falante das reivindicações da classe empresarial quanto à política durante os governos militares. Para ele, *O Estado de S. Paulo* e posteriormente a *Folha de S.Paulo* é que externaram, de forma mais contundente, a questão da volta da democracia ao país. "A *Gazeta* era um jornal que fugia do padrão da imprensa brasileira e podia ser comparado com os grandes jornais de economia do mundo. Mas não fazia oposição agressiva ao regime."[50]

A importância do Fórum dos Líderes como canal de defesa da democracia e de outros princípios republicanos foi ressaltada por muitos, entre eles o então presidente Fernando Henrique Cardoso, ao participar de uma cerimônia no Palácio do Planalto, no dia 17 de fevereiro de 1998, com empresários e a direção da *Gazeta*. Segundo ele, durante a cerimônia:

> Foi prazeroso ouvir que, em 1978, através de um Fórum da *Gazeta Mercantil* é que se sentiu, com maior firmeza, a voz do empresariado nacional em defesa da democracia. Eu me lembro muito bem disso. Naquela ocasião, eu escrevia na *Folha*. Devo ter escrito alguns artigos, num dos quais eu dizia que a mídia – no caso, a *Gazeta* – criava os interlocutores para uma sociedade que precisava de novos interlocutores. E, ao fazer essa seleção de líderes empresariais, estava, na verdade, criando interlocutores, da mesma maneira que, antes, os interlocutores sindicais haviam sido criados; da mesma maneira que os interlocutores do mundo acadêmico haviam sido criados, na SBPC (Sociedade Brasileira para o Progresso da Ciência); os dos sindicatos, nas lutas do ABC; e a *Gazeta Mercantil*, organizando a interlocução com o setor empresarial. E foi a partir, realmente, de um grande debate nacional que nós conseguimos, pouco a pouco, chegar ao momento em que estamos, em que, efetivamente, já vivemos um clima de democracia.

No ano seguinte, 1999, no dia 10 de dezembro, Fernando Henrique recebeu Luiz Fernando Levy, como o ex-presidente da República relata nas suas memórias:[51]

> [...] ele veio se queixar de duas coisas basicamente: do imposto sobre exportações – no editorial de hoje a *Gazeta* fala disso também – e de que o governo está sem interlocução. Há aqueles foros que ele organiza, que

nunca foram acionados; o governo, diz ele, embora tenha um discurso de parceria com o setor privado, na prática age de modo autônomo, burocraticamente. Enfim, quer canais de acesso, e quer que o governo utilize os foros da *Gazeta Mercantil*.[52]

Uma observação no livro de Fernando Henrique esclarece que a reclamação de Luiz Fernando e do editorial da *Gazeta* referia-se à chamada Lei Kandir, de 1996, que concedera isenção do Imposto sobre Circulação de Mercadorias e Prestação de Serviços (ICMS) na exportação de alguns produtos, provocando queixas de governos estaduais por supostas perdas de receitas. Poderia se imaginar que Luiz Fernando usou esse gancho dos impostos para tentar convencer o presidente a "usar" mais a *Gazeta* como canal de comunicação com empresários.

O Fórum de Líderes Empresariais foi formalizado como uma organização que congregava as principais lideranças empresariais do país e que foram eleitos como tais, democraticamente, por seus pares, em todo o Brasil, durante 35 anos. Inicialmente, dois economistas foram chamados para ajudar nos trabalhos do Fórum, enviando a seus membros informes sobre a situação econômica do país. Eram eles, Lídia Goldenstein (que ficou na assessoria por quatro anos) e Philippe Reichstul. Entre seus presidentes, Osires Silva, que se destacou como fundador e presidente da Embraer e dirigente da Petrobras; e Hermann Wever, que presidiu a Siemens no Brasil. Roberto Müller se lembrou de uma observação feita pelo então presidente do Banco Nacional do Desenvolvimento Econômico (hoje BNDES, depois que foi acrescentado o Social ao seu nome), Marcos Viana, que ocupou o cargo de 1970 a 1979. Para Viana, o *Documento dos Oito* tinha ajudado a acabar com a ditadura.

O papel de "mediador" entre empresários e governo exercido por muitos anos pela *Gazeta* se deu também por causa do esgotamento dos canais tradicionais de diálogo entre as duas partes, como lembrou José Casado. Ele se referia a entidades representativas da indústria e do comércio, que perderam legitimidade por terem sido dirigidas durante décadas pelo mesmo grupo de empresários que, muitas vezes, eram de segmentos de pouca expressão. Começaram a surgir entidades empresariais com um modelo diferente, mais parecido com o americano, como a Associação Nacional dos Fabricantes de Veículos Automotores (Anfavea), que representa o setor automobilístico. Em entidades, por exemplo, a Federação das Indústrias do Estado de São Paulo, a Fiesp, sindicatos de empresas como fabricantes de guarda-chuvas tinham direito a um voto, assim como sindicatos de muito maior peso econômico, como dos metalúrgicos. O fim do período de domínio dos militares também ensejou o desejo de estabelecer contatos com os "novos" poderosos, e a *Gazeta* se tornou um caminho para isso.

Para Luiz Fernando Furlan, o empresário que participou por décadas da administração do frigorífico Sadia, fundado por seu avô Atílio Fontana, sua escolha para ministro da Indústria e Comércio do primeiro governo do presidente Luiz Inácio Lula da Silva, em 2003, deveu-se, em parte, às funções que desempenhou no Fórum de Líderes da *Gazeta Mercantil*.[53]

Ele contou que, em 2002, na primeira eleição de Luiz Inácio Lula da Silva como presidente do Brasil, os empresários estavam com muitas dúvidas sobre como seria a política econômica do novo governo, considerado mais de esquerda do que os anteriores. Como presidente do Fórum de Líderes da *Gazeta*, Furlan organizou um encontro, na sede do jornal, entre o então futuro ministro da Fazenda, Antonio Palocci, e um grupo de dirigentes empresariais. Havia representantes de todos os estados brasileiros e de todos os principais setores econômicos; Furlan ainda se lembra de que, depois da fala de Palocci, 16 participantes se inscreveram para fazer perguntas – e que o futuro ministro respondeu a todas. Palocci agradou os empresários por seu "jeito interiorano" – o ex-petista é de Ribeirão Preto, no interior de São Paulo.

Ainda em novembro de 2002, Furlan participou de um evento organizado pelo World Economic Forum para a América Latina, no Rio de Janeiro, também como representante do Fórum da *Gazeta*, e manteve contato com o economista Aloizio Mercadante, então deputado federal pelo PT. Esses dois encontros, acredita Furlan, abriram as portas para que ele fosse convidado por Lula para ser ministro. "A escolha teve a ver com a *Gazeta*. Foi um aprendizado minha participação no Fórum da *Gazeta*. Ouvia-se muito e recebia-se muita informação. E a posição deu traquejo no trato com a imprensa."

Furlan também conta um episódio curioso para ilustrar a importância que a *Gazeta* foi ganhando ao longo dos anos. Ele publicou, como convidado, alguns artigos no jornal – um deles tratava de um assunto que não era relacionado a negócios ou ao mundo econômico. Furlan escreveu sobre a deterioração da Igreja de São Cristóvão, no centro velho da cidade de

São Paulo, construída em 1855. Em 1982, o desabamento de uma parede lateral da igreja levou à sua interdição pela prefeitura. O artigo de Furlan chamou a atenção, e empresários, fundações e órgãos governamentais se juntaram para financiar e acompanhar o processo de restauração do prédio, feito de taipa de pilão.

Para a professora de jornalismo nas Universidades Federais Fluminense e do Recôncavo Baiano, Hérica Lene, a *Gazeta* construiu seu prestígio como jornal de cobertura de economia e de negócios, ao apresentar os casos de empresários de sucesso e se colocar como porta-voz do capitalismo (da elite dominante, portanto), além de o jornal ser "árduo divulgador das ideias do neoliberalismo". Hérica foi repórter por dois anos da regional do Espírito Santo da *Gazeta* antes de iniciar sua carreira acadêmica, em que se especializou na análise dos jornais econômicos no Brasil.[54]

Lene explica que prefere a expressão jornalismo de economia por entender que é mais preciso ao se referir à cobertura jornalística dos assuntos do campo econômico. Em artigo apresentado durante o Congresso Brasileiro das Ciências da Comunicação em 2012, ela defendeu a tese de que na segunda metade do século passado, no Brasil, "o jornalismo de economia fez, pelo menos, três movimentos importantes: passou de uma fase em que servia ao regime militar e fazia propaganda econômica do governo para outra de caráter mais pedagógico e voltado para os cidadãos nos anos 1980; e, na década seguinte, se colocou a serviço da economia virtual e do mercado".[55]

> Parto do pressuposto de que, com a redemocratização do país, a economia se tornou uma área estratégica da política e a estabilização virou a meta principal dos governos. Os sucessivos planos econômicos levaram essa esfera para a centralidade das páginas dos jornais e reafirmaram sua importância na agenda nacional de debates. Isso aconteceu no momento em que o mercado de imprensa passava por um processo de reconfiguração e os jornais (proprietários e direção) repensavam suas estratégias empresariais. Nesse contexto, um dos caminhos adotados foi a popularização dos periódicos, a afirmação de um movimento de aproximação com os leitores. Isso ocorreu, inclusive, na editoria de economia, tradicionalmente uma das mais herméticas e sisudas dos periódicos. Na cobertura da área econômica, os jornalistas reforçaram sua importância ao assumirem como função fundamental de sua prática a legitimação do discurso de valorização de mercado em detrimento do poder do Estado.

Os jornais brasileiros, durante a primeira metade do século XX, davam relativamente pouca importância para assuntos ligados à economia. Matérias sobre negócios e empresas eram muito raras nos jornais gerais. Já na segunda metade do século passado, várias publicações, como *O Estado de S. Paulo*, tiveram a iniciativa de criar editorias de economia, em grande parte para retratar o que acontecia do ponto de vista macroeconômico. Editoras passaram a publicar revistas voltadas para homens de negócios. O exemplo mais bem-sucedido foi o da editora Abril, que fundou em 1967 a revista *Exame*, a qual inicialmente tinha periodicidade mensal. Seu sucesso levou a Abril a investir em publicações chamadas de técnicas, como *Transporte Moderno*, *Máquinas e Metais* e *Química e Derivados*, comprovando que havia mercado para periódicos que tinham como alvo o mundo dos negócios – ou segmentos específicos desse universo.

Até meados do século passado, jornais especializados em economia, em geral ligados a entidades empresariais (como várias associações comerciais), continuavam pouco expressivos em termos de tiragem e repercussão. Matías M. Molina retrata, por exemplo, a decadência do *Jornal do Commercio*, que chegou a ser considerado o melhor jornal do país. Depois que foi comprado pelos Diários Associados, o jornal, que tinha sede no Rio, atravessou crises financeiras importantes e sua tiragem era de apenas 4 mil a 5 mil exemplares na década de 1970, conforme informação repassada a Molina por Aloysio Biondi, que dirigiu sua redação por 10 meses em 1972. O jornal foi fechado em 2014 – ele tinha sido fundado em 1827 e era um dos mais antigos em circulação até a interrupção da sua publicação.[56]

Em depoimento a Hérica Lene,[57] o jornalista Joelmir Beting, que começou a trabalhar com jornalismo econômico em 1962, comentou que:

> [...] à época, essa cobertura era muito restrita e ocupava pouco espaço nas páginas dos grandes jornais: o jornalismo econômico separava o turfe dos classificados, nos jornais, e ia depois do futebol. O espaço era uma página, uma página e meia, nos grandes jornais do Brasil, que eram o *Jornal do Brasil*, *O Globo*, *Estado*, a *Folha*; havia alguns jornais especializados, mas de baixa circulação e também pouco prestígio político, o *Jornal do Commercio* e a *Gazeta Mercantil*. Tinha aqui em São Paulo também a revista *Visão*, que era mais especializada em economia, e nada além disso.

Também em depoimento citado por Hérica, Roberto Müller lembrou que:

> [...] naquela época (fim da década de 1970), as seções de economia eram pequenas, muito burocráticas. Tive a oportunidade de viver o crescimento dessa área na imprensa escrita. Voltei a ser editor de economia da *Folha* acho que umas duas vezes e aí eu já fazia um caderno. A economia cresceu, as empresas estavam se profissionalizando, começava a haver mais investimentos estrangeiros, inspirados pela confiança que o Brasil passou a despertar em decorrência do governo militar e da aliança estratégica com os americanos... Acho que essas foram algumas razões que fizeram com que os jornais passassem a ter seções de economia muito mais fortes. Por outro lado, havia uma demanda reprimida de informações de negócios. Isso entrou na minha cabeça, e foi essa percepção que me ajudou mais tarde a conceber o projeto da *Gazeta Mercantil*.

Há divergências entre jornalistas e estudiosos de mídia no Brasil sobre o efeito da censura imposta à imprensa durante boa parte dos anos da ditadura militar. Há quem defenda que os jornais passaram a dar mais importância aos assuntos econômicos, já que se tornara complexo apurar notícias sobre o mundo da política. Klaus Kleber, o jornalista que mais tempo trabalhou na *Gazeta*, tendo trabalhado lá por 36 anos, é dessa linha. Já Roberto Müller achava que houve um impacto da censura na expansão da cobertura de temas da economia, mas foi um efeito "marginal".

E os trabalhadores?

Importante como canal de comunicação entre empresários e governantes, em especial nos últimos tempos da ditadura militar e no início do processo de redemocratização do país, a *Gazeta Mercantil* teve um papel de destaque também na cobertura das atividades sindicais e das negociações entre trabalhadores e as empresas onde trabalhavam. Jornalistas e leitores, inclusive sindicalistas, atestam que o jornal foi pioneiro na cobertura sistemática das movimentações dos trabalhadores e dos sindicatos numa época de grande ebulição desse setor, com o desenrolar das primeiras greves durante a ditadura militar.

A renovação do movimento sindical no Brasil, a partir de 1978, com destaque para as greves dos metalúrgicos no estado de São Paulo, teve um caráter disruptivo, afirmou João Guilherme

Vargas Neto, consultor que acompanha os sindicatos de trabalhadores desde 1980.[58] A efervescência dos movimentos dos trabalhadores levou à cobertura deles pela imprensa escrita. Líderes sindicais ganharam destaque, notoriamente Luiz Inácio Lula da Silva, e passaram a ser acompanhados pelos jornalistas, interessados em mostrar para seus leitores quem eram esses novos personagens da vida brasileira.

Mas os grandes jornais, em geral, cobriam os "superacontecimentos", como as greves, que passaram a abranger milhares de trabalhadores, lembra Vargas. Nesse contexto, a *Gazeta* se diferenciava, porque passou a ter uma seção diária de acompanhamento da área, a editoria de Trabalho, com repórteres que escreviam não apenas sobre os grandes eventos, mas também sobre o dia a dia dos sindicatos e das negociações coletivas. Como acontecia com jornalistas de outras editorias do jornal, os repórteres dessa área se tornaram "especialistas" em sindicatos e greves.

Ricardo Moraes, um dos jornalistas que passaram a acompanhar a movimentação dos trabalhadores ainda na década de 1970, lembrou que uma inspiração para a *Gazeta* foi o *Financial Times* e sua cobertura desse setor.[59] De fato, pode-se traçar um paralelo entre as duas publicações, que intensificaram o acompanhamento das ações dos sindicatos em fases de "fervura" de greves e protestos contra medidas governamentais – no caso da Inglaterra, particularmente, durante o governo da primeira-ministra Margaret Thatcher, entre 1979 e 1990, e no Brasil a partir de 1980.[60]

Era grande o interesse dos empresários brasileiros em saber mais sobre os sindicatos de trabalhadores por causa das greves, que ganharam impulso com os metalúrgicos do ABC paulista e da cidade de São Paulo, acompanhados, um pouco mais tarde, por petroleiros e bancários, entre outras categorias. As primeiras paralisações de trabalhadores pegaram em cheio a indústria automobilística, que sempre desempenhou um papel importante no mundo corporativo. Para os empresários e os executivos de empresas de qualquer segmento e de bancos, era essencial se manter informado sobre esses movimentos, que poderiam afetar seus negócios – como, de fato, afetaram.

Esse interesse pelo que pensavam os líderes sindicais e quais seriam suas estratégias explica um pedido de Roberto Müller a Ricardo Moraes, como ele lembrou em sua entrevista. Müller queria conhecer melhor Lula, e Moraes o convenceu a ir até a redação da *Gazeta* para uma conversa com a chefia. Naquela época, não era comum que o jornal recebesse visitas de entrevistados – o usual era que o repórter fosse até eles, nos seus escritórios ou fábricas. Por isso, chamou a atenção dos jornalistas a presença do operário rodeado pelos editores do jornal.

Foi nesse contexto que a *Gazeta* deu como manchete "Metalúrgico morre; acordo em Osasco", na sua edição com data de 31 de outubro de 1979, retratando a morte de Santo Dias de Oliveira, que fazia parte do comando da greve dos metalúrgicos de São Paulo que reivindicavam um aumento de 83% dos salários, que não tinha sido aceito pelas empresas (a inflação naquele ano foi de 77,21%, a mais alta desde o início do regime militar, iniciado em 1964). No dia 30, a Polícia Militar foi enviada para reprimir um piquete em frente a uma fábrica e um policial atirou em Santo Dias, que morreu antes de chegar ao hospital. Sua morte acabou sendo emblemática da luta pelo direito de associação em sindicatos e de greve.

Com o assédio da imprensa interessada em entrevistar os dirigentes sindicais, eles também passaram a sentir necessidade de se manter informados e liam os jornais, disse Vargas. E o acompanhamento da pauta dos trabalhadores ganhou importância com a atuação do Dieese, o Departamento Intersindical de Estatística e Estudos Socioeconômicos, entidade criada pelo movimento sindical em 1955. Seus estudos técnicos sobre perdas salariais por causa da inflação passaram a embasar as matérias sobre as pautas dos trabalhadores, lembrando que, na década de 1980, o Índice Nacional de Preços ao Consumidor Amplo (IPCA) chegava a registrar 80% em um mês.

Vargas contou que não eram apenas os trabalhadores e jornalistas que respeitavam o Dieese e o seu diretor técnico entre 1966 e 1990, Walter Barelli, mas também os diretores de empresas. Tanto que durante uma negociação coletiva dos bancários por aumento de salário, na década de 1980, Barelli "jogou" na mesa que reunia representantes dos dois lados uma pasta ("dessas comuns, de cartolina"), a qual, segundo ele anunciou no encontro, conteria dados que mostravam como eram válidas as reivindicações dos trabalhadores. Foram aceitas as demandas deles sem que fosse preciso abrir e conferir os dados da pasta, que estava vazia, segundo conta Vargas, rindo. Depois de 40 anos acompanhando de perto os trabalhadores, Vargas disse que são 3 as mudanças no movimento daquele tempo comparado ao atual: (1) eram muito raras as mulheres sindicalistas na década de 1980; (2) todo mundo (ou quase todo mundo) fumava; (3) nenhum dirigente de sindicato era tatuado...

Nos anos 1970 e início dos 1980, os sindicalistas passaram a ler a *Gazeta*, além de acompanhar os chamados jornais populares, que começaram a publicar informações de assuntos financeiros que seriam do interesse dos trabalhadores de baixa ou média rendas, além de cobrirem crimes e a vida das celebridades. Tornaram-se frequentes, nesses jornais, as manchetes sobre pagamentos do Instituto Nacional do Seguro Social (INSS) ou sobre mudanças no salário mínimo ou nas regras trabalhistas.

Um sindicalista que lia a *Gazeta* era Vicente Paulo da Silva, conhecido como Vicentinho.[61] Ex-metalúrgico, agora advogado, foi presidente da Central Única dos Trabalhadores (CUT), que ajudou a fundar, e deputado federal pelo Partido dos Trabalhadores. Ele conta que lia três jornais nas décadas de 1970 e 1980: a *Folha de S.Paulo*, o *Diário Popular* e a *Gazeta*. (O *Diário Popular*, fundado em 1884, mudou de nome para *Diário de São Paulo* quando foi comprado pelo grupo Globo e hoje, controlado por outra instituição, circula na versão digital.) A *Gazeta*, ele lia graças à assinatura do Dieese.

A impressão de Vicentinho sobre a cobertura do sindicalismo e das negociações entre trabalhadores e patrões pela imprensa, nos anos 1970 e 1980, era de que havia diferença no tratamento conforme a publicação. A imprensa escrita era mais isenta do que as televisões, e "a *Gazeta* não era contra os trabalhadores".

Vicentinho e Jair Meneguelli (outro sindicalista que também participou da fundação da CUT e do PT) foram processados pela Justiça Militar por declarações dadas contra a decisão do então presidente, João Figueiredo (seu mandato foi de março de 1979 a março de 1985), reproduzidas por *O Estado de S. Paulo*. Figueiredo mudou as regras para recomposição do valor dos salários por causa da inflação muito alta da época e foi criticado pelos dois sindicalistas. Meneguelli, que chamou o presidente de canalha, foi absolvido. Vicentinho, que disse que Figueiredo estava roubando dos trabalhadores, foi condenado – sua sentença depois foi anulada em instâncias superiores.

Além da cobertura sistemática por meio da editoria de Trabalho, analistas levantam outro aspecto importante da *Gazeta* sobre o relacionamento entre patrões e empregados. A costura feita pela chefia da redação, especialmente por Roberto Müller, com a ajuda dos economistas Luiz Gonzaga Belluzzo e João Manuel Cardoso de Mello, que culminou no *Documento dos Oito* (ver capítulo "Porta-voz dos empresários"), resultou num texto do jornal que indicou um novo caminho no relacionamento entre donos de empresas e seus funcionários.

Foi o que defendeu Alvaro Bianchi, professor da Universidade Metodista de São Paulo e da Universidade Estadual de Campinas, num artigo publicado pela *Revista de Sociologia e Política*:

> O documento marcava uma importante inflexão no tratamento por parte dos empresários de temas delicados como a questão sindical. Afirmavam seus signatários que: "Qualquer política social consequente deve estar baseada numa política salarial justa, que leve em conta, de fato, o poder aquisitivo dos salários e os ganhos de produtividade médios da economia. A partir deste patamar, poder-se-ia, então, atender às diferenças setoriais, abrindo espaço para a legítima negociação entre empresários e trabalhadores, o que exige liberdade sindical, tanto patronal quanto trabalhista, dentro de um quadro de legalidade e de modernização da estrutura sindical". Fazendo um paralelo, clássico no pensamento liberal, entre a iniciativa privada e o regime democrático, os empresários deixaram claro que consideravam esse regime o mais conveniente para "absorver tensões sem transformá-las em um indesejável conflito de classes".[62]

A inclusão da questão trabalhista no documento teria sido resultado da maior movimentação dos sindicatos e da volta das greves dos trabalhadores. Sem especificar nomes, Bianchi também cita, nesse artigo, uma pesquisa feita pela socióloga Leigh Payne, da Universidade de Oxford, que, segundo ele, confirma o apoio dado pelo mundo empresarial ao golpe de 1964. Um levantamento feito por Payne com 132 industriais paulistas, selecionados pela sua atividade política entre as décadas de 1960 e 1980, apurou que 82,3% dos que haviam iniciado seus negócios antes de 1964 apoiaram a derrubada do governo João Goulart.[63]

Detalhes que faziam diferença

Aos poucos, depois da sua refundação, por assim dizer, a *Gazeta* começou a granjear prestígio junto aos leitores. São muitos os testemunhos sobre a importância do jornal como fonte de informações oficiais e também sobre mercados – não somente financeiro, mas também de *commodities* agrícolas e de metais, além de outros produtos. A *Gazeta* prestava um serviço essencial para seus leitores numa época em que o acesso a esses dados era complexo e na qual não era comum a existência de arquivos com estatísticas de longos períodos de taxas de juros ou preços de matérias-primas.

Não há dúvidas de que a precisão das informações foi um grande atrativo para os leitores.

Não só nas tabelas publicadas a cada dia, mas também e, principalmente, no material jornalístico. Jornalistas que passaram pela *Gazeta* na sua época de formação são unânimes em apontar que fizeram toda a diferença as exigências nesse quesito de Matías Molina, editor-chefe durante um longo período.

A seguir, há três situações envolvendo jornalistas que exemplificam o nível de detalhamento pedido por Molina na apuração e na escrita das matérias.[64]

Conta Maria Clara R. M. do Prado, jornalista especializada em finanças e que foi correspondente da *Gazeta* em Londres, entre outras funções:

> O furo (jargão jornalístico para notícia exclusiva) só era estampado com destaque quando o Molina estivesse convencido da exatidão da informação. Uma vez, em meio aos nove anos que dediquei à cobertura do Banco Central pela *Gazeta*, descobri junto à fonte do terceiro escalão do BC que algumas instituições financeiras estavam carregando em carteira títulos falsos, pretensamente emitidos por uma empresa de financiamento de consumo. Eu não tinha dúvida da veracidade da informação porque confiava na fonte, mas tive que ir atrás do então diretor de fiscalização do BC – que estava em trânsito, indo de Belém do Pará com destino ao Rio – e consegui falar com ele dentro do avião, no pequeno intervalo de tempo que durou a escala do voo no aeroporto de Brasília. Escoltada por um funcionário da Infraero (que não me conhecia nem sabia a quem eu procurava tão desesperadamente), esperei na pista para a chegada do avião e, tão logo os passageiros daquele destino saíam da aeronave, pude subir e confirmar com o diretor do BC as informações em "on" (*on the record*, que podem ser atribuídas à fonte). Saí dali correndo para a redação, a tempo de garantir a manchete do jornal do dia seguinte.

Esta segunda situação envolveu Claudia Safatle. Na década de 1980, o Brasil estava em péssima situação financeira e o Fundo Monetário Internacional (FMI) mandava missões periodicamente ao país, no âmbito de negociações sobre a dívida externa. Uma dessas missões era comandada pela economista chilena Ana Maria Jul. Claudia, que começou na *Gazeta* em 1976 e anos depois se tornou diretora da sucursal de Brasília do *Valor Econômico*, conta que escreveu a matéria sobre a chegada da missão, e os primeiros encontros com a equipe econômica. Em seguida, foi para casa. Por volta da meia-noite, tocou o telefone. Era o Molina, que queria ter certeza de que o nome da chefe da missão do FMI era com apenas uma letra L. Claudia ficou em dúvida e recebeu a ordem de Molina para apurar. Nos primeiros momentos depois da conversa, Claudia ficou perplexa – a quem recorrer àquela hora da noite numa época em que não havia, claro, celular, internet ou Google? Ela se lembrou de um funcionário do Banco Central, Paulo França, que ela sabia que era amigo de Ana Maria Jul. Telefonou para a casa dele, a mulher atendeu e disse que o marido estava dormindo. Claudia apelou: "Mas é caso de vida ou morte! Eu preciso falar com ele, senão vou perder o meu emprego!" Segundo Claudia: "Paulo veio ao telefone, fiz a pergunta e ele esclareceu que o Jul era com um L só. Ainda bem que ele foi gentil. Em outras situações semelhantes, a reação do meu interlocutor havia sido péssima."

Wanda Jorge, jornalista que trabalhou na editoria de Agronegócio da *Gazeta*, contou que uma vez uma matéria dela sobre o impacto do clima sobre a safra de grãos foi escolhida pela chefia da redação para ter uma chamada na primeira página. Era um texto curtinho, de poucas linhas. Naquele dia, tinha voltado a chover no interior do estado de São Paulo. Às 9 horas da noite, Wanda teve que atualizar a nota da primeira página para incluir a informação sobre o índice pluviométrico, quantos milímetros cúbicos de chuva caíram. Ao ler a matéria, Molina (que lia tudo da primeira página com lupa) pediu que ela explicasse como é feito o cálculo do índice pluviométrico... De novo, isso sem celular, sem internet, sem Google.

O papel do jornal, obviamente, ultrapassava a tarefa de divulgador das decisões do governo federal, de estados e municípios, e cotações dos mercados, mas não há dúvidas de que a publicação dessas informações serviu como atração para muitos leitores e assinantes. Pode-se considerar que a publicação de dados confiáveis sobre taxas de juros ou cotações de produtos agrícolas e petróleo ou fretes marítimos serviu como um chamariz para atrair leitores. Durante um período, ainda na década de 1970, a *Gazeta* passou a publicar diariamente a cotação do dólar no mercado paralelo, para irritação do Banco Central, que considerava que não existia essa prática no país.

Na época, havia um limite para a quantidade de dólares que os brasileiros que viajavam ao exterior podiam comprar – uma medida que vigorou por anos. A opção de quem queria gastar um pouco nas viagens de turismo ou a negócios era recorrer ao câmbio paralelo, já que também não havia cartão de crédito internacional. Qualquer casa de câmbio vendia dólares dessa forma, mas, para as autoridades monetárias, a prática não existia.

De fato, muitos dos que hoje são considerados os melhores jornalistas de economia e negócios (e alguns de política e outras áreas também) do país passaram pela redação da *Gazeta*, seja em São Paulo, seja em Brasília, bem como no Rio ou em outras sucursais.

Na Europa, nos círculos financeiros e que envolvem a regulação do comércio internacional, o prestígio da *Gazeta* foi constatado durante anos pelo jornalista Assis Moreira, correspondente do jornal e do *Valor Econômico* em Genebra.[65] Mesmo na era anterior à internet, em que era muito mais difícil a comunicação global, a *Gazeta* era conhecida e respeitada, disse ele: "A *Gazeta* abria portas." Ele se lembra de um episódio ilustrativo dessa situação que ocorreu durante uma entrevista coletiva do presidente do Credit Suisse, na época um dos bancos mais respeitados no mundo. Depois da sua explanação, o CEO do banco se dispôs a responder a algumas perguntas formuladas individualmente pelos jornalistas, que fizeram uma pequena fila. O assessor dele se aproximou de Assis e perguntou se ele era da *Gazeta* e disse que, se fosse, o banco estava aberto a responder às suas perguntas na hora em que o jornalista brasileiro quisesse. Esse prestígio fora do Brasil também se refletia nos eventos organizados pela *Gazeta* em outros países, que conseguiam reunir personalidades de destaque nos temas do seminário em questão, embora Assis lembre que uma atração também era o fato de que o jornal bancava as despesas de muitos participantes.

Outro mérito da *Gazeta* foi apontado por Antoninho Marmo Trevisan, que se destacou em sua longa carreira como auditor de empresas – primeiramente na PWC e mais tarde na empresa que abriu e que levava seu sobrenome –, professor de Contabilidade e fundador da Trevisan Escola de Negócios.[66] Assinante da *Gazeta* desde os 18 anos, "porque ninguém na minha área podia viver sem ler o jornal", Trevisan afirma que a publicação foi pioneira em explorar assuntos que eram (e são) considerados herméticos, como as questões tributárias. "A *Gazeta* decodificava fatos financeiros e de contabilidade de alta complexidade", tornando-os acessíveis aos leitores não especializados. Ele próprio foi fonte de informações e esclarecimentos sobre mudanças adotadas nos regulamentos sobre mercado de capitais e divulgação de balanços por empresas e bancos. Quando foi professor de Contabilidade num curso da Fundação Getulio Vargas, em São Paulo, usava as edições da *Gazeta* como instrumento de trabalho, ao pedir que os alunos analisassem os balanços publicados pelo jornal. Trevisan, que convivia com Luiz Fernando Levy num grupo de empresários que se reunia periodicamente, disse que o dono da *Gazeta* nunca mencionou os problemas financeiros da empresa nesses encontros, e que se surpreendeu com as notícias sobre sua crise.

O concorrente mais consistente da *Gazeta* foi o *Valor Econômico*, criado pelos grupos Folha e Globo exatamente por causa da percepção de que o jornal da família Levy estava em situação extremamente frágil do ponto de vista econômico-financeiro, e havia espaço para uma publicação especializada em economia, negócios e finanças. O *Valor* foi lançado em maio de 2000 e boa parte da sua equipe, na redação, era formada por jornalistas que trabalharam por longos períodos na *Gazeta*. O diretor de redação era Celso Pinto, que tinha deixado a *Gazeta* em 1996, depois de ter sido repórter, editor, correspondente em Londres e ter trabalhado também na sucursal de Brasília.

Logo depois que a *Gazeta* deixou de circular, foi lançado o *Brasil Econômico*, especializado também em economia, no dia 8 de outubro de 2009. A publicação foi criada pela Empresa Jornalística Econômico S.A. (Ejesa), dona também do jornal *O Dia*, que circula no Rio de Janeiro. O controle da Ejesa era compartilhado entre a brasileira Maria Alexandra Mascarenhas, com 70% do capital, e Nuno Vasconcellos, sócio do grupo português Ongoing, com os 30% restantes. Vasconcellos descende de uma das famílias mais ricas de Portugal. O Brasil Econômico deixou de ser publicado em julho de 2015.

Relações com Brasília

Durante muitos anos, considerou-se o maior furo da *Gazeta Mercantil* a matéria publicada em 1979 revelando detalhes, até então secretos, do acordo fechado em 1975 entre o Brasil e a Alemanha para o desenvolvimento de energia nuclear no país, que resultou na criação das usinas de Angra I e II. Em agosto de 1979, Roberto Müller conseguiu um documento que revelava que o acordo fechado entre os dois países era muito desfavorável aos brasileiros.

Um dos itens do acordo nuclear previa a criação de uma empresa, a Nuclen, cujo capital era dividido da seguinte forma: 75% da Nuclebrás (uma empresa estatal brasileira) e 25% da companhia alemã Kraftwerk Union (KWU). A Nuclen tinha sido encarregada da área de tecnologia e comercialização de equipamentos nucleares.

Quatro anos depois de assinado o tratado entre os dois governos, eram desconhecidos detalhes da composição das empresas criadas especificamente para tocar o projeto. Quando Müller conseguiu a documentação que mostrava que os alemães, embora minoritários, eram de fato quem mandava na Nuclen, os jornalistas da *Gazeta* previram que seria um grande escândalo essa revelação – e que provavelmente o governo federal reagiria de uma forma muito negativa. Vale lembrar que o Brasil vivia sob o jugo de uma ditadura militar e o presidente, desde março de 1979, era o general João Figueiredo.

Quando Müller (que nunca tinha revelado quem lhe repassou o documento secreto, conforme disse várias vezes à autora) entregou a papelada para Claudio Lachini, então secretário-geral da redação, pediu que um jornalista com bom texto escrevesse a matéria – quem foi escolhido foi Fausto Cupertino, um dos editores mais experientes da equipe. Lachini, que detalhou o caso no seu livro sobre o jornal, acionou a sucursal de Brasília, chefiada na época por Sidnei Basile, para que o governo fosse informado do teor do material que seria publicado no dia seguinte, dando-lhe o direito de comentar as informações do documento.

Avisado a esse respeito, o chanceler brasileiro Saraiva Guerreiro disse à repórter Míriam Leitão que não iria comentar, mas logo outras autoridades passaram a pressionar a chefia da *Gazeta* para que não publicasse o material. Também foram comunicados sobre o teor do material os donos da *Gazeta*, o deputado Herbert Levy e seu filho, Luiz Fernando. Os dois concordaram com sua publicação – o título da manchete na primeira página manteve o tom de discrição adotado pelo jornal em quase toda sua história: "O poder de decisão da Nuclen".

Mais do que apenas pressionar o jornal, o governo decidiu apreender a edição da *Gazeta* do dia 21 de agosto. Sua chefia montou um esquema em que dois funcionários ficaram encarregados de levar as matrizes para impressão saindo da sede do jornal, na rua Major Quedinho, para o parque gráfico de *O Estado de S. Paulo*, onde a *Gazeta* era impressa. Um funcionário foi preso, mas outro saiu pelas portas do fundo do prédio e chegou até o *Estadão*. Uma parte da edição foi apreendida, mas a maioria – o reparte para os assinantes, que era muito maior do que o enviado às bancas de jornais – foi entregue aos leitores. A repercussão foi imensa, como lembrou Müller nas suas diversas entrevistas sobre o caso.

O fato de o acordo, detalhado pela *Gazeta*, prever mais benefícios aos alemães do que aos brasileiros provocou muitas críticas, tanto da comunidade científica nacional como de produtores de bens de capital, além de representantes de empresas de engenharia locais, os quais se sentiram excluídos do programa, que previa gastos da ordem de U$ 12 bilhões a US$ 18 bilhões quando da assinatura do contrato.

Apesar da reação imediata do governo de tentar apreender e censurar a *Gazeta*, Brasília não mudou seu comportamento em relação ao jornal, segundo se lembrou Müller. E isso ele atribuiu à atuação de Petrônio Portella, então ministro da Justiça, que "pacificou" as relações entre o jornal e o governo federal. Historiadores consideram que o papel de Portella no processo de distensão política no último governo da ditadura militar, do general João Figueiredo, foi essencial.

Outra tentativa de barrar a publicação de informações pela *Gazeta* foi relembrada pela jornalista e tradutora Flora Costa de Holzman.[67] Repórter da sucursal de Brasília nos anos 1990, ela contou em seu depoimento ter recebido material sobre a venda da Vasp, companhia aérea que já passava por dificuldades financeiras e parou de operar em 2005. Matías Molina, então editor-chefe, exigiu que fossem ouvidas todas as partes envolvidas na história por temer que o jornal pudesse estar sendo manipulado.

> As informações ficaram na geladeira por vários dias (enquanto a repórter aprofundava a apuração dos detalhes) até que a então ministra da Fazenda, Zélia Cardoso de Mello, tivesse a triste ideia de pedir pessoalmente que a denúncia não fosse publicada. Ante a tentativa de interferência na independência do jornal, Molina virou a mesa e mandou publicar imediatamente o furo na capa do jornal.

O relacionamento da imprensa com os governantes, especialmente os de Brasília, sempre foi delicado, também por razões econômicas. Durante muitos anos, muitas décadas na verdade, jornais brasileiros de forma geral, assim como canais de televisão e rádio, contavam com a publicidade do governo federal, de estados e municípios, como uma parcela importante do seu faturamento. Em diversos casos, esse dinheiro fazia a diferença entre lucro e prejuízo para empresas jornalísticas. Essa situação passou por transformações importantes neste século XXI, com a redução da publicidade bancada pelos anunciantes dos setores privado e estatal. Jornais e revistas contam hoje muito mais com a receita oriunda das assinaturas do que no passado.

No caso da *Gazeta Mercantil*, a "dependência" dos anúncios pagos com verbas governamentais poderia ser ainda maior do que nos jornais gerais, na medida em que a publicidade legal era essencial para a publicação dos Levy. Por exigência legal, grandes empresas e bancos eram obrigados a publicar seus balanços em jornais – páginas e páginas com seus resultados semestrais e anuais. E alguns dos maiores anunciantes eram estatais, bancos ou companhias, notadamente Banco do Brasil, Caixa Econômica Federal, Petrobras, Vale do Rio Doce e Eletrobras, para citar apenas os de maior faturamento (Vale e Eletrobras antes das suas privatizações, claro). Existem poucos dados consolidados sobre a importância da publicidade legal para a *Gazeta*, até porque a empresa não publicava balanços todos os anos. Isso passou a acontecer na década de 1990, mais especificamente a partir de 1993. Na apresentação do balanço referente a 1997, o conselho de administração informou que nos dois anteriores a publicidade comercial (ou seja, não a legal) passara a ser a principal fonte de receita da empresa, chegando a 56,04% do total.

Como foi, nesse contexto, o relacionamento da *Gazeta* com Brasília e governos locais? Ainda mais que Roberto Müller, o principal jornalista ao longo da sua história, ocupou um cargo importante no governo federal – e outros menos relevantes no governo do estado de São Paulo. Quando Dilson Funaro foi escolhido pelo presidente José Sarney para ser ministro da Fazenda, em agosto de 1985, Müller foi nomeado chefe de gabinete de Funaro, com quem ele tinha trabalhado no governo de São Paulo. Funaro foi secretário do Planejamento e da Fazenda quando Abreu Sodré foi governador dos paulistas (entre 1967 e 1971). A direção do jornal ficou nas mãos de Sidnei Basile, e outro jornalista da *Gazeta*, Getulio Bittencourt, também se afastara da redação para ser o porta-voz da Presidência da República.

Müller contou à jornalista Maria Helena Tachinardi, que escreveu uma biografia dele,[68] que não tinha relação com a imprensa enquanto foi chefe de gabinete de Funaro. Por sugestão sua, o Ministério da Fazenda nomeou um diplomata – Marco Antonio Diniz Brandão – para a assessoria de imprensa. "Eu disse ao ministro: ponha aqui um diplomata para assessor de imprensa porque diplomata sabe guardar segredo, é educado, preparado e não tem compromisso com nenhum jornal quando sair do ministério", contou Müller.

Funaro tinha sugerido que Müller fosse chefe de gabinete e cuidasse do relacionamento com os jornalistas, mas Müller se recusou, porque tinha se licenciado da *Gazeta* e não pedido demissão. Disse Müller:

Aliás, tratei mal o jornal, não dava uma notícia. A Claudia Safatle (jornalista da sucursal de Brasília da *Gazeta* por muitos anos) não me perdoa até hoje por ter sido furada no anúncio da moratória (da dívida externa decretada por Sarney em fevereiro de 1987). Ela tinha ouvido rumores, perguntou-me e eu neguei. Afinal, tecnicamente não era uma moratória, era a suspensão unilateral de remessas de divisas até que novas negociações (com credores internacionais) permitissem ao Brasil respirar.

Claudia Safatle lembra bem dessa situação. Ela confirma que Müller não favorecia a equipe da *Gazeta* dizendo que "não sou fonte". E não passava mesmo informações. Às vésperas do anúncio da moratória, dois jornalistas da *Gazeta*, José Casado e Celso Pinto, estavam no restaurante Piantella (muito frequentado por políticos e membros das equipes econômicas dos ministérios), em Brasília, quando ouviram um "zum-zum-zum" sobre a possibilidade de o governo decretar a suspensão dos pagamentos aos credores internacionais. Eles pediram que Claudia fosse atrás de informações. Ela conversou com o economista Paulo Nogueira Batista Júnior, então assessor para assuntos da dívida externa da Fazenda. "Ele não disse nem sim nem não", lembrou Claudia – "para mim, estava confirmado". Claudia ligou para a redação da *Gazeta*, e um dos chefes da redação telefonou diretamente para Müller, que disse que não haveria moratória. A *Gazeta* e o *Jornal do Brasil* foram os dois únicos jornais de grande expressão do país que não saíram com a informação sobre a moratória. "Chorei", contou Claudia, e Müller ponderou que não era moratória, era suspensão unilateral de pagamentos.

Müller também teria "despistado" a *Gazeta* nos dias anteriores ao anúncio do Plano Cruzado, em 1986. Em entrevista para este livro, Müller contou que, às vésperas do anúncio do plano que pretendia vencer a inflação – o índice anual, entre 1983 e 1985, havia sido de 230% e a previsão para 1986, de até 400% –, ele não desestimulou uma viagem internacional de Celso Pinto. Supostamente, o ministro da Fazenda, Dilson Funaro, iria participar de uma reunião em Punta del Este, no Uruguai, do grupo de Cartagena (que reunia países andinos, o Brasil era apenas um associado) para tratar dos problemas da região. Na verdade, a pretensa viagem do ministro era uma forma de desviar a atenção dos jornalistas da possibilidade de adoção de um plano econômico. Se Funaro estivesse fora do país, as possibilidades de adoção de alguma medida econômica importante eram mínimas, ainda mais um plano que pretendia derrubar a inflação.

Gazeta Mercantil

Em depoimento a José Venâncio de Resende, Müller foi claro sobre seu relacionamento com os jornalistas da *Gazeta* na época do Cruzado: "Quando a *Gazeta Mercantil* me procurava, eu não recebia. Eu recebia algumas pessoas da *Gazeta* como amigos. E fiz uma grande perversidade no Plano Cruzado, porque eles começaram a sacar (que alguma medida seria anunciada) e eu neguei." Os jornalistas Celso Pinto e Claudia Safatle estavam desconfiados de que haveria a divulgação de uma medida econômica importante. No dia 27 de fevereiro de 1986, a véspera do anúncio do Plano Cruzado, na primeira página da *Gazeta* a única informação que poderia dar uma pista de que seria anunciado um pacote de medidas econômicas era uma notinha, dizendo que no dia seguinte haveria uma reunião do Conselho Monetário Nacional, o CMN, que teria de sancionar essas decisões.

Fora do circuito estritamente jornalístico, as relações da empresa *Gazeta Mercantil* com órgãos do governo federal foram muito complicadas a partir do momento em que deixou de pagar impostos e recolher as contribuições para o Fundo de Garantia do Tempo de Serviço (FGTS) e o INSS. Como está detalhado nos capítulos a seguir sobre os problemas financeiros graves enfrentados pela *Gazeta*, houve fases em que a empresa deixava de cumprir seus compromissos financeiros, inclusive o pagamento de salários e para os fornecedores – ou atrasava esses pagamentos. E isso também acontecia com impostos –, como acontece com frequência, dirigentes de empresas preferem adiar o pagamento de tributos do que outras obrigações, porque, em geral, o Estado é mais lento na sua cobrança.

Não existem dados consolidados sobre a quanto chegou a dívida da *Gazeta* com a Receita Federal. Consultada, a Secretaria da Receita Federal respondeu, por comunicado da assessoria de imprensa no dia 13 de julho de 2023, que as informações pedidas são protegidas por sigilo fiscal. Segundo o Código Tributário Nacional, artigo 198: "É vedada a divulgação, por parte da Fazenda Pública ou de seus servidores, de informação obtida em razão do ofício sobre a situação econômica ou financeira do sujeito passivo ou de terceiros e sobre a natureza e o estado de seus negócios ou atividades".

Na listagem dos 500 maiores devedores previdenciários, divulgada pela Procuradoria-Geral da Fazenda Nacional (PGFN), com dados de fevereiro de 2023, a dívida da *Gazeta* somava R$ 539.071.100,02, sendo que o valor que estava em cobrança era de R$ 473 milhões. Procurada, a PGFN, o órgão que efetivamente recorre à Justiça contra devedores, não se manifestou.

Expansão

Na década de 1990, Luiz Fernando acelerou um plano de criação de unidades regionais espalhadas por boa parte do país, cada uma delas com um jornal regional e sua redação; internacionalização por meio da *Gazeta Mercantil Latino-Americana*; investida em jornalismo na televisão via TV Gazeta. Antes disso, houve outras iniciativas, como a criação de programas de televisão na Band e em canal que atingia apenas Brasília e parte do Norte do país, a compra da *IstoÉ*, para citar alguns exemplos.

Uma das características marcantes de Luiz Fernando Levy, conforme o testemunho de muitos daqueles que conviveram rotineiramente com ele, era o entusiasmo com que abraçava um novo projeto e mandava que fosse tocado, em alguns casos mesmo sem previsão de faturamento que cobrisse suas despesas. Com frequência, esses projetos resultaram em prejuízos financeiros para a empresa. Em outros casos, nem saíram do papel, mesmo depois de meses de planejamento e contratação de jornalistas e de outros profissionais.

Um dos primeiros casos exemplares dessa situação foi a criação de um jornal no Rio Grande do Sul, o *Diário do Sul*, que circulou menos de dois anos, entre novembro de 1986 e setembro de 1988, tendo sido criado e chefiado pelo jornalista Hélio Gama Filho, que informou que em seus 22 meses de existência, conseguiu amealhar 18 mil assinantes e 18 prêmios, segundo entrevista dada a Wilsa Carla Freire da Silva.[69]

Era um modelo curioso de jornal para uma empresa cujo carro-chefe era um diário especializado em negócios, finanças e economia, voltado para o público de classes de renda A e B, com forte ênfase no setor cultural, como retratado no estudo "Jornalismo e sistema cultural: a identidade das fontes na cobertura de cultura do jornal *Diário do Sul*".[70] Segundo os quatro autores do trabalho:

> [...] a gênese do *Diário do Sul* encontra-se na experiência bem-sucedida de inserção regional do jornal *Gazeta Mercantil*, principal diário brasileiro especializado em economia na segunda metade do século XX. O sucesso comercial da sucursal da *Gazeta* em Porto Alegre, o fechamento do tradicional jornal sulino *Correio do Povo* em 1984 e a possibilidade de utilizar seu parque gráfico – posteriormente não efetivada – fortaleceram os argumentos para aprovação do projeto do novo veículo que começou a circular em 4 de novembro de 1986.

Como se sabe, a grande maioria dos jornalistas da *Gazeta* não era especializada na cobertura de temas culturais e, durante décadas, o jornal não cobria o setor. Ou seja, sua equipe tinha pouca ou nenhuma experiência em escrever sobre música, literatura, cinema. Por isso, foram poucos os jornalistas da cúpula da *Gazeta* que apoiaram a proposta de criação do *Diário do Sul*, que levou a prejuízos financeiros pesados. Hélio Gama, num relato do que seria um capítulo de um livro que não foi lançado,[71] admitiu que houve resistência da cúpula da redação da *Gazeta* ao seu projeto: "As restrições da direção editorial da *Gazeta* ao novo projeto eram evidentes, mas educadamente disfarçadas, da mesma forma como ocorrera quando apresentei a ideia de fazer o caderno regional. Raríssimas vezes apareceram oportunidades de conversar com os editores, em São Paulo, sobre o novo projeto." Foi criada uma empresa independente da *Gazeta Mercantil* para tocar o novo jornal.

Em entrevista aos autores do estudo sobre jornalismo e sistema cultural, Hélio Gama comentou:

> O jornal tinha qualidade, era bonito, e começou a haver uma adesão. Os jornalistas que cobriam [...] começaram a perceber a aceitação que tinham, a facilidade em pegar as pessoas para dar entrevista. As pessoas adoravam o jornal, uma coisa surpreendente, uma coisa maluca [...]. Nesse aspecto, ele penetrou de uma forma brutal; em poucos meses, nós éramos o jornal da *intelligentsia* do Rio Grande do Sul.

À iniciativa faltava, porém, base financeira. Miriam Cordeiro, que foi gerente e depois diretora financeira da *Gazeta*, contou que, em 1986, Luiz Fernando lhe pediu um estudo de viabilidade econômico-financeira para a criação de um jornal no Rio Grande do Sul.[72] Depois do seu levantamento, Miriam informou a Luiz Fernando que seria preciso um investimento da ordem de US$ 1 milhão para que o jornal passasse a ter retorno – um valor muito expressivo. E mais: as projeções de receita publicitária e dos assinantes indicavam que a verba não seria suficiente para pagar o investimento em curto e médio prazos. Apesar dessas recomendações, Luiz Fernando seguiu em frente com seu plano e o jornal gaúcho durou menos de 2 anos.

Uma matéria publicada pela revista *Imprensa*, de 1987, informa que a empresa Diário do Sul S.A. Editora Jornalística tinha 360 funcionários, sendo 141 da área editorial, e que se previa um faturamento de US$ 2,5 milhões para o exercício fiscal de julho de 1987 a junho de 1988. Entrevistado por Gabriel Priolli, Hélio Gama reconheceu os problemas enfrentados pelo *Diário do Sul*, pois o mercado publicitário não havia reagido como se esperava. No Rio Grande Sul, naquela época, o *Zero Hora* ficava com cerca de 74% da receita dos anunciantes, disse Gama. O jornal gaúcho controlado pela *Gazeta* estava, no fim do ano de 1987, 35% abaixo das previsões de faturamento publicitário. Para Luiz Fernando, o crescimento mais lento do que o esperado não era um problema, como disse à revista *Imprensa*: "O nosso espaço é o da formação de opinião, o espaço da influência. Mais do que grandes, queremos ser influentes."

Miriam Cordeiro disse que concorda com os que consideram que Luiz Fernando era um visionário, que ele tinha boas ideias, mas obedecia muito mais a seus instintos do que a dados concretos sobre faturamento. Ele costumava dizer, como lembra Miriam: "O meu *feeling* me diz que esse projeto vai ser bom." E não aceitava argumentos contrários a seus planos. Para Luiz, o prestígio trazido pela *Gazeta* e pelos seus projetos era o mais importante.

A *Gazeta* teve sucesso com cobertura dos círculos culturais muito tempo depois da experiência no Rio Grande do Sul, com a criação do caderno Fim de Semana, especialmente no período em que foi editado, entre 1995 e 2000, por Daniel Piza, jornalista que teve destaque nessa área até sua morte, em 2011, aos 41 anos. Nesse período, o caderno privilegiou resenhas de livros e matérias sobre filmes, artes plásticas e peças de teatro, além de reportagens sobre turismo e comportamento, e foi tema de estudos acadêmicos que procuraram debater se ainda era válido o papel do crítico cultural. Era voltado para o leitor mais intelectualizado, e algumas das suas entrevistas com respeitados cientistas e pensadores acabaram contribuindo para o debate nacional, sendo citadas em livros. Uma delas foi uma conversa com o prêmio Nobel Francis Crick, biólogo britânico responsável pela descoberta da estrutura do DNA, em *Nada é tudo: ética, economia e brasilidade*, de Eduardo Giannetti.[73] O fim do caderno Fim de Semana foi lamentado por pessoas que o consideravam o espaço ideal para discussões aprofundadas sobre arte.

Anos depois dessa experiência fracassada, mas talvez com o mesmo objetivo de expandir o alcance da cobertura jornalística e ampliar a variedade de assuntos tratados pelos repórteres, Luiz Fernando passou a cultivar a ideia de criar um jornal voltado para a América Latina. Segundo Claudio Lachini, o primeiro defensor da ideia foi o ex-presidente do Uruguai Julio Sanguinetti, que acreditava que "um jornal sério e de peso" poderia ajudar a amenizar as diferenças entre os países que formariam o Mercosul em 1994. Sanguinetti mencionou essa ideia para Fernando Henrique Cardoso, então ministro das Relações Exteriores, que a sugeriu a Luiz Fernando Levy, pois lhe pareceu que a *Gazeta* seria o jornal adequado. Claudio Lachini faleceu em 2016.

Luiz Fernando já estaria pensando na possibilidade de explorar o mercado latino-americano com a ajuda, inicialmente, do jornalista José Antônio Severo, que teve uma longa carreira na empresa, tendo sido diretor das sucursais do Rio e de Brasília. Severo integrou a primeira equipe da *Gazeta Mercantil Latino-Americana*, que tinha como como editora-chefe Cynthia Malta (outro jornalista, Valério Fabris, teve uma breve passagem pela chefia da publicação, mas foi convidado para ser diretor da *Gazeta* em Minas Gerais). O jornal foi lançado em 1996, com formato tabloide, circulação semanal e com duas versões com o mesmo conteúdo: em português, encartado na *Gazeta*, e em espanhol, junto ao diário econômico *El Observador*, do Uruguai. A partir de 1997, o tabloide passou a ser encartado em outros oito jornais regionais argentinos e paraguaios. Severo faleceu em 2021.

Havia muita expectativa de que a *Gazeta Mercantil Latino-Americana* seria um sucesso do ponto de vista empresarial, baseada principalmente numa edição especial sobre o Mercosul editada pela *Gazeta*, sob a coordenação de Matías M. Molina, e que circulou no primeiro dia útil do lançamento do bloco econômico, em janeiro de 1995. O relatório circulou com 64 páginas e a venda de publicidade chegou próxima de U$ 1 milhão, valor muito expressivo. Não foi o sucesso esperado, porém, aquilo que aconteceu. Os governos dos países integrantes do Mercosul – Argentina, Uruguai e Paraguai, além do Brasil – receberam a iniciativa editorial com entusiasmo, mas não destinaram publicidade oficial para a nova publicação. Constatou-se, ao longo de anos, que as diferenças culturais entre os países também aconteciam na publicidade, e muitas empresas que atuavam em várias dessas nações mantinham verbas para anúncios em cada país e não para a região. Leitura dos exemplares da *Gazeta Mercantil Latino-Americana*, na Biblioteca Mário de Andrade e no Arquivo Público do Estado de São Paulo, mostram edições com poucos anúncios.

Como em outros projetos, a receita não era suficiente para bancar as despesas, consideradas exageradas por muitos. Ismael Pfeifer, que foi correspondente da *Gazeta Mercantil* por três anos e meio a partir de 2000, lembra que a *Latino-Americana* não vendia anúncios: "Mas se investia muito nela. Tinha até campanha publicitária nas ruas de Buenos Aires, o que era desproporcional ao tamanho do veículo."[74]

A *Gazeta Latino-Americana*, em abril de 1999, contava com uma equipe na redação de 36 pessoas, a maioria jornalistas – espalhados por São Paulo, Rio, Brasília, Buenos Aires, Montevidéu, Assunção, Nova York, Miami, Cidade do México e mais 8 cidades menores na América do Sul, além de 5 tradutores. O tabloide parou de circular no início dos anos 2000, quando a consultoria World Invest assumiu a administração do jornal e fechou uma série de produtos que não eram lucrativos, como detalhado no capítulo "Tentativas de contornar a crise".

Em outro estrato, Luiz Fernando levou adiante um plano de criação de regionais da *Gazeta*, espalhadas Brasil afora. Na visão dele, fazia sentido não apenas a instalação de sucursais. Desde o início da remodelação do jornal, ainda na década de 1970, a *Gazeta* mantinha uma equipe de jornalistas em Brasília (o que era essencial para um jornal econômico num país onde as decisões governamentais têm enorme peso para a vida de empresas e bancos) e no Rio de Janeiro, onde ficam as sedes de empresas de enorme importância para o mundo dos negócios, como a Petrobras e a Vale, além do BNDES e do IBGE, assim como grandes fontes de informações sobre financiamentos e de dados a respeito da economia brasileira. Gradualmente, foram sendo formadas sucursais em outras capitais, como Belo Horizonte e Porto Alegre.

No fim da década de 1990, porém, esse modelo foi alterado e ampliado. Em vez de apenas escritórios para as equipes de jornalistas, o jornal passou a ter diretorias regionais, com jornalistas, sim, mas com uma estrutura inteira de vendedores de assinaturas e de anúncios, gerência financeira e um diretor. Tudo isso para que em cada uma dessas cidades circulasse também uma "*Gazeta Mercantil* local", com as notícias da região. Mesmo na cidade de São Paulo, onde ficavam a sede do jornal e sua principal redação, passou a existir uma regional da Grande São Paulo. Em maio de 1999, como mostra o expediente do jornal, eram 16 regionais. Na prática, eram cadernos de circulação regional, encartados no jornal-mãe.

O modelo recebeu muitos elogios e várias críticas também. Seus defensores lembram que a *Gazeta* era o único jornal no país com tanta capilaridade, com jornalistas em todas as regiões do Brasil, e matérias sobre cidades com pouca cobertura jornalística e sobre assuntos que, via de regra, eram ignorados pelos grandes jornais gerais. De fato, do ponto de vista de conteúdo jornalístico, a expansão da cobertura pelo Brasil afora rendeu muitas histórias importantes e casos curiosos de empresas regionais, que não teriam aparecido em um jornal se não fosse a rede de jornalistas espalhados pelo país. No balanço de 1998, a diretoria informou que apenas naquele ano tinham sido abertas 5 unidades de negócios regionais, chegando-se a um total de 15, sendo que em todas essas cidades circulavam também as edições regionais. A direção da empresa atribuiu a essa expansão o crescimento de 13,54% na tiragem, que superou pela primeira vez os 100 mil exemplares. Apesar disso, o balanço apurou um prejuízo de R$ 54,04 milhões em 31 de dezembro de 1998 (o equivalente a R$ 247,6 milhões em junho de 2023, na correção do IPCA). O prejuízo correspondia a cerca de um terço da receita bruta da empresa.

Em depoimento publicado em julho de 2021, Dirceu Martins Pio detalhou sua experiência como diretor do interior do estado de São Paulo, responsável pela publicação de cadernos de Campinas, Ribeirão Preto e São José dos Campos:

> As pernas financeiras da *Gazeta* já eram bambas, mas Luiz Fernando Levy resolveu aplicar, em pouco tempo, o seu plano – unidades regionais espalhadas pelos mercados mais representativos do país; jornais regionais editados por todas essas unidades; internacionalização da *Gazeta* através do tabloide *Gazeta Latino-Americana*; muitas horas de jornalismo em televisão só para aproveitar o espaço da emissora homônima (TV Gazeta) de São Paulo. Era um plano para ser executado em 12 anos, mas Levy resolveu implantá-lo em dois ou três. Seria um milagre que tivesse dado certo.[75]

Levy fez a seguinte recomendação aos diretores de unidade, que eram *publishers* regionais da organização nos principais mercados do país, segundo o relato de Dirceu Martins, que faleceu em março de 2021:

> A concepção dos jornais regionais nunca deixará de ser um mérito. O problema foi o tempo de implementação acelerado, como se a empresa gerasse recursos suficientes para mantê-los até a fase de consolidação. O jornal nacional faz a aproximação com o setor empresarial na horizontal e os jornais regionais devem aprofundar a relação, na vertical, envolvendo-se com os problemas das comunidades locais.

Os críticos, por sua vez, apontavam que a expansão por esse modelo provocou um inchaço da folha de pagamentos, porque em cada cidade havia um time de jornalistas mais os profissionais de outras áreas, como comercial e administrativa, cujas tarefas poderiam ter sido executadas pela equipe instalada na sede, em São Paulo.

Segundo um ex-diretor da empresa que preferiu falar anonimamente, a instalação de tantas diretorias regionais criou certo mal-estar com a redação de São Paulo. Questionava-se a necessidade de haver tantas regionais, porque os balanços das empresas dessas cidades naturalmente viriam, mesmo para a *Gazeta Mercantil* naquela época em que não havia grande concorrência.

Um exemplo de como a transformação de sucursais em diretorias regionais mudou o padrão de trabalho pode ser encontrado no depoimento de duas jornalistas que trabalharam na *Gazeta* em Campinas – Wanda

Jorge e Ana Carolina Silveira – para a professora de Jornalismo da PUC de Campinas, Maria Lúcia de Paiva Jacobini.[76]

Wanda Jorge foi repórter da sucursal de Campinas a partir de maio de 1987 – além dela, que era a única jornalista da unidade, trabalhavam uma secretária e um auxiliar, além do departamento comercial. A jornalista Ana Carolina Silveira participou da transição da unidade de Campinas como sucursal para sua situação de encarte separado em dezembro de 1998, e estima que a equipe era formada por mais de 30 pessoas nas 3 redações, entre fotógrafos, área comercial, repórteres, diagramadores e diretor de redação. Wanda faleceu em 2016.

Talvez a crítica mais dura era a de que a criação das regionais não aumentou de forma relevante o faturamento da empresa – pelo menos não acompanhou a expansão das despesas com funcionários, aluguel e manutenção dos escritórios etc. O fato de existir uma regional da *Gazeta* numa determinada cidade não significou maior interesse das empresas da região em ser anunciante do jornal. Uma companhia com sede em Belém do Pará ou em Porto Alegre que tinha decidido publicar seu balanço na *Gazeta* dificilmente tomava essa decisão por causa da regional instalada na cidade, dizem os críticos do modelo.

Numa entrevista dada às jornalistas Raquel Balarin e Talita Moreira publicada numa matéria no *Valor Econômico*, no dia 3 de junho de 2009, poucos dias depois da última edição da *Gazeta*, Luiz Fernando explicou por que seguiu com os planos de criação das regionais, apesar da oposição de boa parte da chefia da redação do jornal: "Esses cadernos traziam muitos assuntos de interesse do pequeno e médio empresário e atraíam publicidade desse segmento. Os anúncios que publicávamos nos regionais não teríamos jamais na edição nacional." Em 2000, a *Gazeta* chegou a editar 21 jornais regionais. Nas redações nacional e estaduais, empregava 700 pessoas, a maioria jornalistas.

Além disso, criou-se uma espécie de rede de poder paralelo à chefia de redação em São Paulo por causa da independência editorial dos jornais regionais. Segundo Dirceu Martins Pio, "os diretores regionais – ou diretores de unidades – formavam uma segunda faixa de poder dentro da *Gazeta*. Referiam-se diretamente a Luiz Fernando e não estavam subordinados ao comando da redação. Tinham total autonomia sobre o jornal regional". Com o agravamento dos problemas financeiros no início dos anos 2000, a estrutura das diretorias regionais foi desmontada em várias etapas. Muitos dos jornalistas e outros funcionários dessas unidades foram demitidos.

Aloísio Sotero, que foi superintendente da *Gazeta* e presidente do *InvestNews* entre janeiro de 1999 e maio de 2001, comentou em sua entrevista para o livro que Luiz Fernando Levy tinha planos ambiciosos para a regionalização da *Gazeta Mercantil*. Na sua opinião: "O modelo industrial tradicional da mídia impressa não se aplicava mais ao mundo digital. Hoje seria viável, mas não na época, com os custos do papel para impressão e de distribuição."

Do ponto de vista editorial, o senão levantado por alguns jornalistas era de que o material publicado nas edições regionais não passava pela chefia da redação de São Paulo. Ou seja, em um jornal criado com um modelo em que a chefia controlava a publicação das matérias, passou a haver cadernos regionais em que o conteúdo era pautado e editado sem passar pelo controle de qualidade de São Paulo. Quem decidia o que era publicado era o diretor regional ou o chefe de redação da sucursal, nos casos em que havia esse posto.

É dessa época outra iniciativa, pouco conhecida, da *Gazeta*, com o anúncio no dia 24 de junho de 1999 de uma parceria com uma empresa americana para o lançamento de uma edição internacional do jornal, com circulação em Nova York, Chicago, Los Angeles e Washington – no futuro, a lista incluiria outras cidades, como Londres, Frankfurt e Tóquio.[77] O acordo foi fechado com a PressPoint, que, na verdade, imprimia cópias de jornais sob demanda, particularmente para hóspedes em hotéis. Não se tem memória se o acordo resultou em algum ganho financeiro ou de divulgar o nome da *Gazeta* fora do Brasil.

Obviamente, nem todas as iniciativas que fugiam do padrão "habitual" das atividades de um jornal fracassaram. Um projeto muito bem-sucedido foi a implantação de um sistema de impressão simultâneo, a *laser*, adotado em 1979 – inicialmente o material a ser publicado era enviado de São Paulo para o Rio de Janeiro, Brasília, Salvador, Porto Alegre e Curitiba.

A adoção desse sistema, pioneira no Brasil, ajudou muito na venda das assinaturas e em bancas fora de São Paulo, permitindo que os leitores tivessem a edição do dia bem mais cedo do que quando o jornal era enviado por avião, inclusive para o Rio e para Brasília. Em entrevista a Aylê-Salassié Filgueiras, autor do livro *O jornalismo econômico no Brasil depois de 1964*,[78] Luiz Fernando disse: "Essa é a alternativa mais econômica e viável para vencer as grandes distâncias do país."

Gazeta Mercantil

O investimento foi grande. Na época, a empresa informou que só na montagem da transmissão a *laser* foi gasto US$ 1 milhão de dólares. Para Luiz Fernando, "esses investimentos vão ter bons resultados, já que a receita anual do jornal evoluiu de US$ 8,3 milhões em 1976 para US$ 11,3 milhões em 1977 e US$ 13,7 milhões em 1978". Nos dois anos seguintes, consta que a receita oscilou em torno de US$ 15,5 milhões.

Roberto Müller foi quem trouxe a proposta desse projeto para os donos da *Gazeta*, conforme ele mesmo relatou. Em uma viagem aos Estados Unidos, em 1974, ele visitou o jornal *The Wall Street Journal*, que já usava o sistema de transmissão e impressão simultânea em várias cidades. Alguns anos mais tarde, a empresa comprou o sistema e a *Gazeta* passou a ser impressa em outros lugares além de São Paulo, primeiramente no Rio e depois em Brasília, as duas maiores praças em termos de assinaturas depois da sede. "Com isso, demos um salto em direção a essa ambição de fazermos um jornal de negócios realmente nacional, que cobrisse todo o país."

O jornal era escrito e diagramado em São Paulo. Mas, em vez de ser mandado por avião, ônibus ou caminhão, as páginas eram transmitidas por um processo que utilizava uma banda de sinal de um canal de televisão. O sinal era codificado na saída e decodificado na entrada. Para isso, foi preciso inclusive o jornal treinar técnicos da Embratel, já que o processo passava pela estatal. O governo federal teve que conceder uma licença especial para a *Gazeta*.

No rol das iniciativas que fugiam do escopo mais restrito de um jornal de economia, podem ser arrolados projetos de criação de programas ou mesmo de canais de televisão ao longo de décadas, com graus variados de sucesso financeiro e de repercussão. Antes da internet e do barateamento dos custos de produção de conteúdo para televisão, foram raras as investidas dos jornais de economia e negócios no segmento.

A primeira experiência da *Gazeta* em televisão, ainda nos anos 1970, teria sido bem-sucedida financeiramente, segundo se lembra Roberto Müller. O programa "Crítica e Autocrítica", conduzido inicialmente pelo próprio Müller e transmitido pela rede Bandeirantes, surgiu da ideia de divulgar o anuário *Balanço Anual* – que na época do seu lançamento, em 1977, concorria diretamente com a revista *Maiores e Melhores*, da editora Abril, um título já consolidado, tendo sido lançado em 1973.

A ideia era apresentar só cinco episódios, mas a família Saad, que controlava e ainda controla a Band, gostou do programa, que continuou até o início da década de 1990, tendo sido seus apresentadores Lillian Witte Fibe, que começou a trabalhar como jornalista de economia na *Gazeta*, e Dirceu Brisola. Consultada, Lillian preferiu não dar entrevista sobre suas experiências no jornal e na televisão. O "Crítica e Autocrítica" era televisionado nos domingos à noite e serviu de canal relevante de expressão de opinião dos agentes econômicos: ministros, empresários, banqueiros, economistas eram convidados para longas entrevistas feitas pelo apresentador do momento e, em algumas fases, por mais um time de jornalistas da própria *Gazeta*. Depois de alguns anos com esse formato, as entrevistas passaram a ser feitas apenas pelo apresentador, como mostra, por exemplo, um programa de 1993, disponível no YouTube, em que Dirceu Brisola conversa com o economista e então diretor do Banco Pactual, Paulo Guedes, que viria a ser ministro da Economia do governo Jair Bolsonaro. O programa foi transmitido até 1993.

Entre 1995 e 1996, quando as finanças do jornal tinham passado por várias fases de sérias dificuldades, com atrasos no pagamento de salários e para fornecedores, Luiz Fernando deu sinal verde para um dos seus projetos mais audaciosos, com a proposta de criação de um Núcleo de TV, que inicialmente planejava duas empreitadas ambiciosas, conforme documentos com o detalhamento repassado pelo jornalista Gabriel Prioli, que participou da iniciativa.

Uma das propostas era o Projeto Mercosul, com quatro programas de televisão: uma revista semanal de variedades, uma série documental e dois programas de debates apenas para difundir o bloco regional da América do Sul.

Ainda mais ousada era a intenção de criar e produzir a série "Histórias do Brasil", que teria 48 episódios: "Uma completa e diversificada história socioeconômica do país, para difusão em TV, vídeo e multimídia, com apoio editorial através de fascículos encartados no jornal", como explicitava o documento que orientava o projeto. O relatório apresentando as iniciativas não mencionava negociações com canais de televisão para transmissão dos programas, nem uma previsão de faturamento com publicidade.

Para tocar a iniciativa de contar "Histórias do Brasil", a *Gazeta* pretendia constituir um time de altíssimo nível. Nos documentos do projeto, não fica claro se todos os citados foram de fato contratados ou se havia apenas a intenção de chamá-los para integrar a equipe. Entre os nomes que constam na apresentação do Núcleo de TV estavam: "Mário Henrique Simonsen, Darcy Ribeiro, Herbert José de Souza (muito mais conhecido como Betinho), Persio Arida, Antonio Fava de Moraes, João Cláudio Todorov e outros nomes expressivos da cultura, da política e da ciência vão dar consultoria permanente à série, com toda a sua experiência e conhecimento". Procurado, Persio Arida informou que de fato foi contatado por Luiz Fernando para participar do projeto, mas nada passou da primeira conversa.[79]

O diretor-geral seria Sérgio Mattar, que tinha trabalhado anteriormente nas redes Globo, Bandeirantes, Cultura, NBC e CBS. A direção executiva seria de Gabriel Priolli, com passagens por Globo, Bandeirantes, Cultura, Record, *Veja*, *Folha de S.Paulo*, *O Estado de S. Paulo* e *Jornal da Tarde*. Já a supervisão estava a cargo de José Bonifácio de Oliveira Sobrinho (Boni), classificado por muitos como o maior profissional da televisão brasileira. O núcleo de dramaturgia seria encabeçado por Caetano Veloso, e dois compositores ficariam encarregados de compor e interpretar as músicas – Chico Buarque de Hollanda e Edu Lobo. A apresentação dos programas seria de Thereza Collor, que se tornou uma figura conhecida nacionalmente quando das denúncias feitas pelo seu marido, Pedro, ao irmão, o então presidente da República, Fernando Collor.

Priolli disse em entrevista, em 20 de outubro de 2022,[80] que não houve atrasos no pagamento de salários para a equipe de televisão durante o tempo em que trabalhou para o projeto. Mas, apesar dos meses a fio de planejamento e trabalho na roteirização dos programas sobre a história econômica e social do Brasil, o projeto não se materializou. Foi abandonado quando a crise financeira da empresa se aprofundou.

Poucos anos depois desse empreendimento malsucedido, retomou-se a ideia de investir em televisão, como contou o jornalista Albino Castro,[81] ele mesmo com larga experiência em jornalismo televisivo, inclusive no exterior, e 10 anos na chefia do SBT. Em 1998, Albino foi trabalhar na *Gazeta*, a convite do então editor-chefe, Mario de Almeida. Depois de dois anos supervisionando editorias, como as de Turismo e Grande São Paulo, mais os anuários publicados pela empresa, Albino propôs novo projeto de televisão a Luiz Fernando, que teria ficado encantado. Foi fechado um acordo com a TV Gazeta, em que o âncora do programa "Jornal da Gazeta" era o jornalista Carlos Alberto Sardenberg, o qual passou pelas redações das mais prestigiadas mídias do país. Depois de meses de preparação, o projeto, mais uma vez, "quebrou", na expressão de Albino, por falta de pagamento.

Além do jornal e das investidas em televisão, a *Gazeta Mercantil* foi, ao longo de anos, criando uma série de projetos editoriais, especialmente revistas e anuários. Na mesma década em que o jornal passou pela transformação tocada pelo jornalista Roberto Müller, surgiu uma divisão que cuidava das revistas, com uma equipe própria de jornalistas, mas contando também com a colaboração de repórteres e editores da própria *Gazeta*.

O maior sucesso da divisão de revistas foi, sem dúvidas, o anuário *Balanço Anual*, que, como já relatado no capítulo "Porta-voz dos empresários", ganhou grande destaque nacionalmente por causa da eleição dos líderes empresariais. A publicação elencava os resultados das maiores companhias do país de forma geral e, também, por setores econômicos e estados.

A primeira edição do *Balanço Anual*, em setembro de 1977, tinha 158 páginas, sendo 61 delas de anúncios – uma proporção substanciosa entre conteúdo jornalístico e publicidade, como mostrou um exemplar guardado na biblioteca da Faculdade de Economia e Administração da USP, consultado no dia 13 de abril de 2021. Curiosamente, a principal matéria da revista tinha o título de "A fragilidade da empresa privada nacional". A edição de 2007, ano em que a administração da empresa passara para o empresário Nelson Tanure, circulou com 500 páginas e 79 de publicidade.

Aos poucos, foram surgindo "filhotes" do *Balanço Anual*, edições que tratavam especificamente das empresas de um determinado estado ou região. Dados publicados pelo balanço da empresa referente a 1998 indicam que, nesse ano, foram publicadas 24 edições estaduais, além do *Balanço Anual* nacional, e o total de páginas de publicidades publicadas pelo conjunto dessas revistas passou de 333, em 1997, para 550,5, em 1998. Essas edições regionais contavam com apoio maior ou menor dos governos locais. Exemplares da revista com foco em Minas Gerais e na Bahia, de 1996, tinham na capa os respectivos governadores, Eduardo Azeredo e Paulo Souto.

Simultaneamente, a empresa investiu em revistas "derivadas" das editorias de maior leitura do jornal, como *Balanço Financeiro*, ou criadas para explorar novas áreas da economia e dos negócios, como *Dados e Ideias*, uma das publicações pioneiras no país na cobertura de informática. Muitas dessas publicações sobreviveram anos a fio, com equipes pequenas de editores e redatores e a colaboração de jornalistas da *Gazeta*, que escreviam matérias especiais para as revistas.

O prestígio das revistas – que se expressava, por exemplo, pelas entrevistas publicadas por elas com grandes nomes do mundo dos negócios – não veio necessariamente acompanhado de sucesso comercial. Um exemplar da

Balanço Financeiro, de agosto de 1980, já no segundo ano da sua criação, demonstra esse fenômeno. A capa trazia a foto e a chamada para uma entrevista com Walther Moreira Salles, criador e então principal acionista do que a publicação chamava de conglomerado financeiro Unibanco.

Moreira Salles (falecido em 2001) concedia raras entrevistas. Uma pesquisa nos arquivos da *Folha de S.Paulo* na década de 1980 mostra, por exemplo, que seu nome apareceu 31 vezes naqueles 10 anos, mas na grande maioria das vezes Moreira Salles foi apenas citado – e não entrevistado –, como em pequenas notas da coluna social de Tavares de Miranda (uma delas em 9 de agosto de 1980); ou num texto do colunista Paulo Francis sobre a possibilidade de participação do banqueiro num leilão da extinta TV Tupi (em 9 de agosto de 1980); ou numa matéria pequena sobre a venda da fazenda Bodoquena, da qual era sócio (em 3 de julho de 1980). Ou seja, conseguir uma entrevista sobre economia e finanças com Walther Moreira Salles era um feito.

Apesar da maior facilidade em entrevistar banqueiros – Amador Aguiar, fundador e principal dirigente do Bradesco por décadas, também conversou com a revista, entre muitos outros –, *Balanço Financeiro* tinha poucos anunciantes. A edição de agosto de 1980, com Moreira Salles como principal entrevistado, circulou com 66 páginas, mas apenas 6 de publicidade, sendo que 3 eram institucionais: da Bolsa de Valores e da caderneta de poupança (paga pelo governo federal). Além disso, 2 eram de empresas de fora do setor financeiro, diferentemente do que se imaginaria para uma publicação voltada para essa área. Anunciavam a Monsanto (produtos químicos) e Scopus (equipamentos para telecomunicações). O único banco que anunciou nessa edição foi o Baneb, controlado pelo governo do estado da Bahia.

Gradualmente, a revista foi mudando seu perfil, voltando-se também para outros segmentos do mercado financeiro, e não tão concentrado na história e no desempenho dos bancos. Na década de 1980, até o *slogan* da publicação foi mudado e passou a ser: "A revista dos executivos financeiros e investidores". A ampliação do escopo de temas levou *Balanço Financeiro* a publicar, como o principal conteúdo de uma edição, matérias sobre privatização de empresas federais, participação de trabalhadores no capital de empresas e muitos textos sobre investimentos. De certa forma, ela antecedeu a tendência de publicação de revistas especializadas em investimentos pessoais e, mais recentemente, da proliferação de blogs e postagens na internet, de orientação de como aplicar o dinheiro.

O interesse por revistas atingiu seu auge com a compra por Luiz Fernando Levy da *IstoÉ*, que tinha sido criada em 1976 pelo empresário Domingo Alzugaray e pelos irmãos Luiz e Mino Carta, a qual circulava mensalmente nos seus primeiros tempos. Em 1977, a publicação passou a ser semanal e a concorrer diretamente com a *Veja*, cujas circulação e influência eram muito maiores. Por causa dos prejuízos dados por outra publicação criada por ele, o *Jornal da República*, Mino decidiu vender a *IstoÉ* para Fernando Moreira Salles, da família que criou o Unibanco. Durante os quatro anos em que controlou a *IstoÉ* (entre 1980 e 1984), Fernando Moreira Salles se aproximou de Roberto Civita, da família que fundou e controlou a editora Abril, e foi apresentado por ele a Luiz Fernando Levy.

Fernando Moreira Salles lembrou-se de conversas entre os três empresários – ele, Luiz Fernando e Civita – sobre o sonho de criar uma revista seguindo o modelo da *The New Yorker*, publicação criada em 1925 que edita ensaios, entrevistas e resenhas, e que mesmo na era da internet e das leituras rápidas continua fazendo sucesso. Dados de 2019 mostram que sua tiragem supera 1,2 milhão de exemplares. O projeto, que previa que a "*New Yorker* brasileira" fosse encartada em jornais, não foi adiante.[82]

Quando Moreira Salles decidiu vender a *IstoÉ*, Luiz Fernando mostrou interesse em comprá-la. O acordo entre os dois revelou-se muito desfavorável a Moreira Salles – ele passaria a integrar um conselho do grupo de mídia da *Gazeta*, como uma espécie de fomentador de ideais, e receberia o pagamento em parte em ações da empresa. As contas da *Gazeta* mostraram uma situação tão delicada, que Moreira Salles preferiu não ser sócio da empresa e rapidamente saiu do conselho, que não se reunia com a frequência desejada. Foi curta, porém, a fase em que Luiz Fernando controlou a *IstoÉ*. Em julho de 1988, a Editora Três recuperou a marca *IstoÉ* e a fundiu com outra revista, a *Senhor*. A chefia de redação voltou para Mino Carta, que permaneceu no cargo até agosto de 1993.

Mário Alberto de Almeida, que chefiou a redação da *IstoÉ* enquanto ela era controlada por Luiz Fernando, contou que o formato da revista funcionou inicialmente, mas a operação era deficitária. A publicidade não era o forte da publicação e as vendas variavam muito. A venda para Mino Carta foi boa para Luiz Fernando, que se livrou de um negócio que não era lucrativo.[83]

Crise financeira: as razões

Quais as causas da decadência financeira da *Gazeta Mercantil*, um jornal que tinha conseguido captar a admiração de milhares de leitores e era considerado viável operacionalmente? Além de leitores, a *Gazeta* também atraiu, durante décadas, a partir de meados dos anos 1970, volumes expressivos de recursos com anúncios, principalmente a publicidade legal – vigorava no país nesse período a exigência legal, para grandes empresas e aquelas de capital aberto, de publicarem seus balanços e outros informes em jornais de grande circulação. Por uma questão de prestígio, aos poucos essa massa de anúncios foi sendo carreada principalmente para as páginas da *Gazeta*, engordando seu faturamento. Por que, então, a empresa enfrentou tantos períodos de escassez de recursos, que acabaram levando a centenas de processos judiciais por falta de pagamento e ao seu fechamento em 2009? Por que a empresa registrou sistematicamente prejuízos nos balanços publicados entre 1993 e 2000 – as exceções foram os anos de 1995, 1996 e 2000, todos bastante modestos?

Ex-diretores financeiros da empresa e jornalistas, que ocuparam cargos de chefia na redação e na área administrativa, são unânimes em apontar que a empresa não era bem gerida. Mais do que isso, indicam que o caixa da *Gazeta* era usado para abastecer de recursos outros negócios da família Levy, mesmo depois que o controle do capital da empresa jornalística foi compartilhado com outros sócios, primeiramente grandes grupos empresariais e mais tarde fundos de pensão. A versão da família Levy é outra – parte dos problemas financeiros foi herdada de um investimento em reflorestamento feito por eles ainda na década de 1970, que fracassou por causa de alterações no sistema de incentivos fiscais.

Tanto Roberto Müller como pessoas que trabalharam na área financeira da *Gazeta* contaram que, em determinados momentos, eles chegaram a "esconder" de Luiz Fernando Levy a entrada de recursos no caixa da empresa, para ter como pagar os salários de funcionários e fornecedores, evitando que fossem drenados para outras atividades da família.

Müller considerava que Luiz Fernando era um "gênio" da renegociação de dívidas, era sedutor e queria manter sua posição no jornal por causa do enorme prestígio que ela lhe dava. Vários entrevistados contaram que, agastado por ter que constantemente entrar em negociações com os credores por causa de atrasos nos pagamentos, Luiz Fernando comentava que tinha acesso fácil a presidentes da República, ministros e governadores, mas às vezes não conseguia falar com o gerente dos seus bancos.

Em uma das poucas vezes em que mencionou a possibilidade de uso do dinheiro da *Gazeta* em outras empresas, Luiz Fernando disse à *Folha de S.Paulo* que "havia certa contaminação dos negócios da família sobre a atividade do jornal", conforme registro da própria *Folha*.[84] Ele fez esse comentário ao anunciar o aporte de recursos de fundos de pensão no capital da empresa, em 1994. Para Müller, Luiz Fernando tinha firmado com o pai um compromisso de sempre ajudar os irmãos.

Um dos seus melhores amigos, o empresário Maurílio Biagi Filho, de Ribeirão Preto, disse que "Luiz Fernando brigava pelo que acreditava, certo ou errado".[85] Sócio e executivo de empresas, como a Zanini Equipamentos Pesados, Refrigerantes Ipiranga e Usina Santa Elisa (de cana-de-açúcar), Biagi conviveu por décadas com a família, com o deputado Herbert, o patriarca dos Levy, e com Luiz Carlos, um dos irmãos de Luiz Fernando. Biagi nem se lembra de quando exatamente começou a ler a *Gazeta*, mas era o jornal que o orientava, e também o ajudou a ser menos retraído e se expressar melhor ao passar a conceder entrevistas com frequência depois que Ribeirão Preto, onde ele mora, passou a ter correspondentes do jornal.

"Luiz era um sonhador, um intuitivo", afirmou Biagi, confirmando a impressão repassada por muitos que conviveram com Luiz Fernando de que ele não prestava muita atenção a números e prognósticos de faturamento quando se encantava com um projeto. "Ele pensava no Brasil mais do que no jornal." Amigo até os últimos dias de vida de Luiz Fernando – Biagi foi visitá-lo em Santa Catarina, onde Luiz Fernando estava hospitalizado e faleceu, em outubro de 2017 –, o empresário lembrou que algumas vezes o aconselhava a ser mais cauteloso nos negócios. E disse que o amigo era generoso com os amigos. Tanto que uma vez concordou em ceder espaço publicitário para uma das empresas então controladas pela família Biagi, a Zanini, sem pagamento naquela época. Biagi só viria a pagar (com acréscimo de correção monetária) quando a situação financeira da sua companhia melhorou.

Talvez uma das melhores definições sobre o paradoxo de um jornal econômico ter sido controlado por uma empresa mal administrada financeiramente esteja no depoimento do jornalista e escritor Thales Guaracy, que começou sua carreira como repórter da *Gazeta*:

> O jornal prosseguiu não por causa de seus criadores, mas apesar deles: pertencia não a uma família, mas à sociedade. Sempre foi respeitado muito, graças ao espírito de corpo dos jornalistas que nele trabalhavam enquanto seus proprietários eram tratados com reserva. Lembro certa tarde em que eu, ainda um repórter iniciante, fui fazer uma entrevista com o então diretor do Banco Central, Wadico Bucchi, em São Paulo. Encontrei Luiz Fernando Levy já na antessala, à espera de audiência. Levy continuou esperando enquanto eu entrei na sua frente, atendido primeiro. Para Bucchi, o repórter principiante merecia preferência em relação ao dono do próprio jornal onde trabalhava. Ele sabia que eu estava ali em busca de notícia, fazendo meu serviço para uma publicação de prestígio. Levy estava lá para pedir alguma coisa.[86]

Os depoimentos sobre as falhas na gestão da empresa que controlava a *Gazeta* são muitos e alguns deles buscam explicações para isso. Dirceu Brisola, jornalista que teve duas passagens pela *Gazeta* – e chegou a diretor na segunda vez –, lembrou-se das deficiências de Luiz Fernando como administrador. Antes de assumir a direção do jornal e promover sua reformulação, ele tocava uma agência de propaganda da família, muito menor do que a *Gazeta*. "O Luiz Fernando não tinha noção dos deveres de um dirigente de jornal. A empresa era tocada como se fosse uma bicicleta – não podia parar porque senão caía."[87]

Miriam Cordeiro, que trabalhou quase 16 anos na *Gazeta*, entre 1978 e 1994, sempre na área financeira, confirma que os recursos que entravam no caixa do jornal não eram necessariamente aplicados na empresa: "O dinheiro ia embora mais rapidamente do que se planejava." E isso seja por meio de projetos que não tinham sustentação financeira, seja por aplicação em outras companhias da família. O planejamento financeiro de algumas das empresas dos Levy, em especial aquelas do setor de agronegócio, como de criação de cavalos e uma rede de butiques de carnes, deixava a desejar e às vezes a *Gazeta* precisava socorrê-las em emergências.

Pelas contas de Miriam, as sucursais criadas por Luiz Fernando não se pagavam – as despesas eram maiores do que as receitas de anúncios colocados por empresas ou bancos, com sede na cidade ou no estado. Quando a situação financeira piorou muito, a *Gazeta* passou a adotar uma prática que anteriormente era renegada: dar desconto para a publicação de anúncios, contou Miriam. Era uma forma de atrair anunciantes, mas com prejuízo do faturamento.

Além disso, segundo Müller, outra explicação para os problemas financeiros da empresa era a "propensão" de Luiz Fernando de "ampliar desmesuradamente" os produtos, como diretorias regionais, a *Gazeta Mercantil Latino-Americana*, "aventuras na televisão" (como está detalhado no capítulo "Expansão").

A criação de revistas ou a abertura de sucursais e/ou diretorias regionais ou programas de televisão, sem um plano de negócios que projetasse receita suficiente para bancar as despesas, também levou a um inchaço da folha de pagamentos. Matías M. Molina disse que, no início da década de 2000, a *Gazeta* tinha cerca de 800 jornalistas.

A comparação com o número de empregados pelas redações de outras publicações sempre foi muito complexa, porque as funções de jornalistas,

| 111 |

fotógrafos e diagramadores variam segundo as características do jornal ou revista – e ficou ainda mais complicada com a chegada e a expansão dos produtos jornalísticos on-line. Mas dados citados pelo jornalista Sérgio Lüdtke, do Projeto Comprova (coalizão de 33 veículos de comunicação para combater desinformação) mostram que, em 2017, a *Folha de S.Paulo* tinha cerca de 300 jornalistas, e as redações combinadas de *O Globo*, *Extra* e *Expresso*, 410 produtores de conteúdo. Deixando de lado a dificuldade das comparações, o fato de a *Gazeta* ter mantido 800 jornalistas na sua folha chama a atenção.

Já o jornalista Mário Alberto de Almeida, que foi editor, correspondente em Paris e dirigiu a redação a partir de 1997, comentou a facilidade com que se despendia o dinheiro levantado pela empresa.[88] Em sua última função, ele acompanhou a evolução do faturamento e lembra que o ano de 2000 foi especialmente bom em termos de receita, que teria batido o recorde da companhia, ao chegar aos R$ 287 milhões. Em junho de 2023, esse valor corresponderia a R$ 1,1 bilhão pela correção do IPCA, a inflação oficial do Brasil. O dinheiro foi "torrado", disse. Apesar do resultado excepcional, já em 2001 o pagamento dos salários e de outros compromissos começou a atrasar, e Mário Almeida decidiu sair do jornal – entrou com uma ação trabalhista, porque também não tinha recebido as verbas da rescisão.

Na sua visão, Luiz Fernando tocava os projetos sem detalhar os custos, porque queria influenciar a vida no Brasil não apenas do ponto de vista jornalístico, mas também politicamente. Daí seu interesse em expandir a cobertura regionalmente. "Ele invejava o Roberto Marinho [fundador e principal dirigente do Grupo Globo] porque queria ser um 'kingmaker'". A criação do tabloide *Gazeta Mercantil Latino-Americana* seria um exemplo dessa ambição. Nos anos em que dirigiu a redação, Luiz Fernando pouco falava sobre jornalismo nas conversas dos dois. "Ele gostava de contar qual era sua estratégia para o país prosperar. Foram quatro anos ouvindo narrativas nesse sentido. Ele imaginava que, com isso, exercia influência nos meios financeiros, no ambiente de negócios."

Roberto Baraldi, jornalista que começou como repórter em São Paulo e acabou assumindo funções administrativas na empresa até sua saída em 2003, não tem dúvidas sobre a causa dos problemas econômicos da *Gazeta*.[89] Na sua interpretação, "a empresa financiava muitos projetos simultaneamente com dinheiro que seria para cobrir as despesas cotidianas. Não tinha capacidade de financiamento de projetos de médio e longo prazo". "Era tudo financiado com capital de giro tomado dos bancos." Alguns dos projetos poderiam vir a obter uma receita publicitária relevante em longo prazo, mas a visão predominante era buscar obter resultados imediatos. Ele cita o exemplo da *Gazeta Mercantil Latino-Americana*, uma publicação semanal que era encartada na *Gazeta* e em vários jornais da América Latina.

O modelo de negócios da *Latino-Americana* previa que Baraldi tocasse o lado de negócios e a jornalista Cynthia Malta, a redação. Uma primeira decisão que implicou custos elevados foi a de transferir a sede da nova publicação para o Rio, onde Luiz Fernando passara a morar depois do seu segundo casamento. Parte da equipe viajava todas as semanas de São Paulo para o Rio. Além disso, a estrutura se revelou relativamente pesada para a receita, com pessoas na Argentina, Uruguai, Paraguai e, até mesmo, em Miami e em Nova York (conforme descrito no capítulo "Detalhes que faziam diferença").

O mote para a criação da publicação foram os bons resultados em termos de receita publicitária de um caderno especial sobre o Mercosul, que circulou no dia 1º de janeiro de 1996, o qual foi encartado em jornais da América Latina. O faturamento foi alto, com muitas páginas de anúncios, mostrando o que seria o potencial de publicidade no Mercosul. Mas o mercado não era o que se imaginava. Existia a expectativa entre executivos da *Gazeta* de alto faturamento, porque se calculava que havia cerca de 200 empresas operando no Brasil e em outros países da região. Acabou-se constatando, no entanto, que essas não eram empresas binacionais, em cada país havia uma companhia independente, sem orçamento para publicidade ou marketing para o bloco dos países do Cone Sul.

Pouco tempo depois, Luiz Fernando comprou um jornal em Córdoba, na Argentina, chamado *Comercio y Justicia*, voltado para matérias de interesse de pequenas e médias empresas. Era uma publicação de alcance modesto e com dificuldades para crescer além da sua cidade-sede e do público-alvo. Durou pouco, porém, a investida dos Levy no mercado argentino. O jornal acabou caindo num limbo, porque Luiz Fernando não pagou o dono anterior, segundo Baraldi. Mais tarde, o *Comercio y Justicia* foi assumido por uma cooperativa de jornalistas e continuava a funcionar no início de 2023.

Quando gostava de um projeto, Luiz Fernando não pensava se seria rentável ou não, afirmou, por sua vez, Ismael Pfeifer, jornalista que ocupou vários cargos na *Gazeta*, já na década de 2000, chegando a ser editor-chefe por um ano e cinco meses. Ismael comentou: "Luiz Fernando era perdulário, mas gostava de jornalismo. Ele gostava da ideia de ser *publisher*, de lançar produtos. Queria ter um conglomerado de mídia latino-americano." Na época em que trabalhou na *Gazeta Mercantil Latino-Americana*, a redação era grande, com dez jornalistas em Buenos Aires mais correspondentes no Uruguai, Paraguai, Miami e Cidade do México.[90]

Walter Clemente, outro jornalista que se transformou em executivo nos 22 anos em que trabalhou na *Gazeta*, é ainda mais claro na sua avaliação sobre a forma como a empresa era administrada do ponto de vista financeiro. Luiz Fernando lhe dizia que tinha pagado dívidas dos irmãos com dinheiro da *Gazeta*, com permutas feitas pelo jornal. Numa permuta, em geral, um veículo de mídia – jornal ou revista ou TV –, cede-se um espaço publicitário em troca de algum produto ou serviço de uma empresa anunciante, como passagens aéreas ou carros, uma prática que foi bastante comum em muitos grupos durante décadas no Brasil e em outros países.[91] Clemente lembrou que os recursos levantados pela *Gazet*a junto aos fundos de pensão "entraram para o ralo que não tinha fim". Ele foi diretor regional em Salvador, em Ribeirão Preto e no Rio.

Baraldi também levantou outro aspecto de Luiz Fernando citado por vários entrevistados: ele tinha uma visão política de um novo Brasil, um projeto de desenvolvimento nacional. A empresa era orientada por esta ideia: criar um Brasil novo através da conscientização da elite. Era isso o que movia Luiz Fernando Levy. Ao mesmo tempo, ele não recolhia FGTS, não pagava impostos. E "exagerava a realidade para sustentar a ideia dos projetos".

Claudio Conceição, já citado no capítulo "Sucesso editorial", fez um balanço dos pontos positivos e dos negativos da *Gazeta*. Entre os erros estratégicos, gastos sem controle, como o número exagerado de diretores e a mudança para um prédio em Santo Amaro, que poderia ser considerado suntuoso em comparação com as dependências muito mais modestas da rua Barão de Limeira. Entre os acertos, o legado da ótima formação de jornalistas, que incluía o aprendizado de escrever um texto final, sem passar pelo escrutínio de um redator ou revisor, como acontecia em outras redações.

As finanças da empresa que controlava a *Gazeta* (que várias vezes mudou de nome, algumas por razões fiscais) passaram por muitas fases. Fases em que os salários não atrasavam e que as contas pareciam estar controladas;

e fases em que os pagamentos para funcionários e fornecedores demoravam muito e faltava dinheiro para o básico. Vários jornalistas se lembram de uma época da *Gazeta*, quando a redação ainda era na Major Quedinho, na década de 1980, em que a conta dos telefones não era paga, uma situação dramática para a necessidade constante dos jornalistas de apurar notícias. Os repórteres recebiam do gerente administrativo da redação um punhado de fichas telefônicas e iam para um posto da Telesp (empresa operadora de telefonia na época), nas proximidades do prédio da *Gazeta*, fazer as entrevistas de lá.

Nessas épocas, os atrasos de salários afetavam drasticamente a vida dos funcionários. Nem mesmo as estrelas do jornalismo eram poupadas. Respeitada pela precisão dos dados sobre o mercado financeiro que coletava e publicava, Angela Bittencourt, então editora de Finanças do jornal (provavelmente uma das seções mais lidas e de maior prestígio), saiu da *Gazeta* em 1993, porque fazia três meses que não recebia e ela era a única fonte de renda da família – ela e os dois filhos.[92] O exemplo de Angela não é único. A partir de meados da década de 1990, houve um verdadeiro êxodo de jornalistas da *Gazeta* para outras redações, para assessorias de imprensa e para o trabalho com políticos e outras autoridades. Em muitos casos, um fator preponderante no pedido de demissão foi o atraso no pagamento do salário ou a falta de promoção.

Quando o jornalista Celso Pinto (com quem fui casada de 1981 até sua morte, em março de 2020) e eu morávamos na Inglaterra, ele como correspondente da *Gazeta* e eu como gerente da *newsletter* internacional (publicação semanal em inglês que resumia as principais notícias publicadas pelo jornal), enfrentamos dificuldades financeiras, porque o Celso ficava meses sem receber. O que pagava nossas contas era o meu salário, pago pela *Gazeta Mercantil UK*, uma microempresa com sede em Londres que recebia diretamente os pagamentos das assinaturas da *newsletter* e que podia, dessa forma, me pagar.

Um dos maiores credores da *Gazeta* foi e ainda é a União. Durante anos, a empresa deixou de pagar impostos e de repassar as verbas referentes ao FGTS e ao INSS. Segundo a Procuradoria-Geral do Tesouro Nacional (PGTN), a dívida ativa de 40 empresas do grupo era superior a R$ 1 bilhão em novembro de 2022, a versão mais atualizada do levantamento dos maiores devedores. Ao longo de décadas, a *Gazeta* foi abrindo outras empresas por razões diversas, principalmente para acomodar a abertura de sucursais ou diretorias regionais. Isso explica a listagem de 40 empresas debaixo do chapéu da *Gazeta*. O levantamento do Tesouro Nacional não inclui débitos garantidos ou suspensos por decisão judicial. A PGTN também informa que no rol dos 500 maiores devedores da Previdência Social, em junho de 2023, a *Gazeta* ocupava o número 44, com uma dívida de R$ 542 milhões.

A família Levy atribui parte dos problemas financeiros não apenas da *Gazeta*, mas também de outras empresas do grupo, à mudança nas normas federais de incentivos fiscais e à crise do petróleo, ainda durante o governo militar. Foi o que escreveu Herbert Levy em seu livro *Viver é lutar*.[93] Segundo seu relato, a decisão de investir na *Gazeta*, em 1973, de tentar transformá-la numa publicação importante, coincidiu com problemas em um projeto de reflorestamento, que havia se transformado na principal atividade empresarial da família na época.

Herbert contou que se endividou "bastante" para comprar 130 mil hectares de terras, quase tudo na região do Triângulo Mineiro, em Minas Gerais. Nessas terras, num projeto de reflorestamento iniciado em 1969, foram plantados 175 milhões de pinheiros, "conquistando a confiança de grandes investidores. O Bradesco era o principal deles por decisão sobretudo de Amador Aguiar" (fundador e então presidente do banco).

Além de plantar árvores, a família se associou a uma empresa produtora de papel e celulose com sede na Califórnia, nos Estados Unidos, chamada Crown Zellerbach (que em 1985 foi alvo de uma aquisição hostil da parte de um bilionário britânico). O objetivo da *joint venture* era a construção de uma fábrica de celulose com capacidade de produção de 750 mil toneladas ao dia. Pela carta de intenções assinada pelos dois lados, os americanos ficariam com 49% do empreendimento e a família Levy, com os 51% restantes.

A obtenção de incentivos fiscais federais era essencial para colocar o projeto de pé. Segundo o livro de Herbert Levy, "antes da criação do Instituto Brasileiro de Desenvolvimento Florestal (IBDF), os recursos dos investidores depositados no Banco do Brasil para incentivos fiscais eram liberados pontualmente 30 dias depois". A liberação dos incentivos começou, porém, a atrasar, e a demora chegou a 16 meses. Além disso, o IBDF pagava no máximo 20% da correção monetária devida ou liberava os recursos sem correção – o que era um fator de preocupação, pois na década de 1970 a inflação média era de 30% ao ano.

Para Herbert Levy, havia má vontade do governo federal, especialmente da equipe econômica, ao projeto de reflorestamento da sua família, por causa das suas críticas à forma como a economia estava sendo tocada por Brasília. O grupo Levy foi obrigado a se endividar na expectativa de que, quando o contrato definitivo com a Crown Zellerbach fosse assinado, a capitalização pagaria os empréstimos bancários tomados. Mas as negociações fracassaram, porque a empresa americana desistiu do negócio em função dos estragos provocados na economia mundial pela crise do petróleo de 1973. O aumento dos preços do petróleo pelos países produtores provocou uma crise internacional e caiu a demanda por celulose, justificou a companhia da Califórnia.

Outros projetos de reflorestamento, também em Minas Gerais, contornaram esse problema e sobreviveram, informou o ex-ministro da Agricultura Alysson Paulinelli, graças em grande parte a medidas de compensação adotadas pelo governo mineiro.[94] Paulinelli contou que era próximo da família Levy, especialmente do patriarca Herbert, e leitor costumeiro da *Gazeta*, jornal que tinha sua preferência. Ele faleceu poucas semanas depois da sua entrevista, no dia 29 de junho de 2023.

No livro *Viver é lutar*, Herbert Levy acusa o ex-ministro Delfim Netto de ser responsável pela mudança no método de liberação dos recursos para os projetos de reflorestamento.

> Com o IBDF, as liberações não eram pontuais, embora não houvesse grandes atrasos. Isso até que o ministro Delfim Netto se transformasse em verdadeiro ditador da economia, aproveitando-se do total despreparo, nessa área, dos três presidentes militares com os quais logrou permanecer no governo.

Em entrevista, o ex-ministro Delfim Netto foi lacônico ao ser consultado sobre as divergências com Herbert Levy, que classificou de inteligente, arrogante, persistente e idiossincrático. Especificamente sobre o projeto de reflorestamento, comentou apenas que foi um fracasso.

Quem contou as implicações dessa história para a *Gazeta Mercantil* foi uma das filhas de Luiz Fernando Levy, Antônia. Luiz Fernando teve cinco filhos, três do primeiro casamento e duas do segundo casamento – Antônia é a caçula. Ela – que ficou muito próxima do pai nos últimos anos da vida dele – conta que se lembra do que o ex-dono do jornal falou sobre o que teria sido o início dos problemas financeiros da empresa:

Entre os negócios [da família Levy], tinha uma empresa de reflorestamento. Na época do regime militar, tinha um incentivo fiscal muito grande para negócios com reflorestamento. Anos depois, houve uma mudança que basicamente acabou com o incentivo fiscal para reflorestamento. Esta foi a história que sempre escutei e é mais ou menos como eu entendo. Com essa mudança, o negócio do reflorestamento deixou de ser rentável. Passou a ser um passivo. A dívida dos irmãos [os filhos de Herbert] ficou imensa por causa disso. E foi exatamente na época em que o meu pai estava trabalhando para lançar a *Gazeta* da forma como ela ficou conhecida. Porque antes era *Gazeta Mercantil Industrial*, um folhetim que saía dentro da corretora de valores da família. E aí eles ficaram muito preocupados [com a dívida]. E foi na mesma época que os meus três tios – Lisca, Nélson e Herbert – que tinham ficado com a agência de publicidade falaram que com essa situação teriam que pedir concordata. Só que na época todo mundo conhecia a família Levy e o meu pai falou: "Se os meninos [os irmãos deles] pedirem concordata em nome da agência, eu nunca vou conseguir investimentos para a *Gazeta Mercantil*". Daí ele foi falar com meu avô [o deputado Herbert Levy], e o meu avô falou algo assim: "Pega a dívida pra você". E foi o que ele fez. Essa foi a dívida de origem da *Gazeta*, que desencadeou 40, 50 anos depois de toda a falência. Foi a dívida inicial que meu pai foi tentando pagar a vida inteira. Uma grande frustração da vida dele foi ter tido que começar a voar com um peso no pé, sabe? Essa foi uma frustração muito grande. Ele nunca responsabilizou os meus tios nem o pai dele, nem nada disso. Mas foi sempre uma frustração muito grande. Ele me falava muito [sobre isso], eu sentia que era um peso para ele – nunca ter conseguido viver sem ter que correr atrás de se livrar da dívida. Então, a *Gazeta* ia bem e tudo mais, mas ele sempre tinha que correr atrás de negócios. Ele tinha esse ímpeto, mas também ele sempre tinha que fazer dinheiro.

Com esse passado complicado em uma das empresas da família Levy, não é de estranhar que os bancos de forma geral tivessem sido muito resistentes em conceder empréstimos para outras companhias do grupo, inclusive a *Gazeta Mercantil*. Segundo Marcos D'Alessandro,[95] a *Gazeta* tinha pouco acesso a crédito bancário, ao menos durante os anos em que ele ocupou cargos na área financeira da empresa. D'Alessandro trabalhou pouco mais de 16 anos no jornal, a partir de 1987, e chegou a diretor de planejamento estratégico. Depois da *Gazeta*, ele foi diretor financeiro do grupo *Jornal do Brasil* (JB), na época em que o controle do JB, da *Gazeta* e de outras publicações estava nas mãos do empresário Nelson Tanure.

Quando Nelson Tanure assumiu a empresa, em meio a uma grave crise financeira, com atraso de salários e de outros pagamentos, eram 767 jornalistas na folha de pagamentos. De acordo com D'Alessandro, em 2001, a *Gazeta* era a empresa jornalística que mais empregava jornalistas no país. No total, eram 4 mil funcionários.

Para compensar a dificuldade de obter crédito, o que ex-dirigentes do sistema financeiro contam é que era comum bancos, assim como empresas de outros setores, adiantarem o pagamento de anúncios que seriam publicados pelo jornal nos meses ou nos anos seguintes. Salvava-se a situação financeira precária do dia, corroendo a receita futura.

Um consultor de empresas próximo de Luiz Fernando, que pediu para dar entrevista sem que seu nome fosse citado, comentou sua experiência de muitos anos atendendo a grupos empresariais com problemas financeiros. Com o passar do tempo em que a situação de caixa se deteriora, o empresário deixa de prestar atenção no todo da companhia para concentrar seus esforços apenas na dificuldade de levantar dinheiro:

> Ele vira um malabarista de credores, não é mais um empresário, vira um gestor de caos. Eu já participei de muitas reestruturações e vi muitas situações em que os empresários querem sair desse enrosco e saem; e vi outras que a pessoa está tão acostumada que no momento do desespero busca alguém para ajudá-la, mas não se incomoda de voltar para o inferno, que é ficar toureando credor o dia inteiro, porque a pessoa já se acostumou a viver naquele ambiente.

Uma questão levantada por muitos jornalistas e observadores do setor de mídia é se a concorrência do *Valor*, lançado em maio de 2000, pesou no sentido de ajudar a afundar financeiramente a *Gazeta*. Para a professora da área de comunicações Hérica Lene, que escreveu livros e artigos sobre jornalismo econômico, a *Gazeta* já estava fragilizada financeiramente por causa da sua má gestão. Em um estudo apresentado num seminário sobre comunicação, em 2012, Hérica, que trabalhou como repórter da sucursal do jornal no Espírito Santo, analisou o impacto dos problemas financeiros da *Gazeta* num sentido mais amplo do que o aspecto econômico.

A estagnação econômica e a redução do volume de publicidade, no início do século XXI, afetaram as empresas de comunicação, inclusive a

Gazeta, ela escreveu no seu artigo. Mas sua crise foi agravada por outros fatores. O "processo de ruptura" da *Gazeta*:

> [...] foi resultado também do gerenciamento ineficiente – exemplificado pelo grande número de diretores no seu quadro administrativo até o ano 2000 e pela administração de base familiar e pouco profissional – que tornou precária a saúde financeira do jornal. A má gestão provocou o desequilíbrio financeiro das finanças da empresa Gazeta Mercantil S.A., que comprometeu a imagem do diário. Ao se tornar pública, a crise também abalou seu prestígio como jornal de cobertura de economia e de negócios, que apresentava casos de empresários de sucesso e se colocava como porta-voz do capitalismo (da elite dominante, portanto) e árduo divulgador das ideias do neoliberalismo, mas não foi capaz de ser gerenciado com competência e de ser, ele próprio, bem-sucedido.

Para Hérica, a fragilidade da *Gazeta* abriu o flanco para a entrada de um novo concorrente, o *Valor Econômico*.

A decadência financeira da *Gazeta*, que levou ao desaparecimento do jornal em 2009, não foi, infelizmente, um acontecimento único na história do jornalismo brasileiro. Ao contrário, como mostra o livro de Matías M. Molina sobre a história dos jornais no país,[96] a regra é a ascensão das publicações; um lento processo de deterioração – em muitos casos, provocada pela má administração da empresa, em outros, por disputas pessoais ou políticas dos donos –; e, finalmente, o fechamento do jornal ou da revista ou mesmo de uma editora inteira, como aconteceu com a editora Abril, para lembrar apenas um caso recente. Circunstâncias de mercado ou alteração das regras do jogo publicitário também contribuem com enorme frequência para aprofundar ou desencadear uma crise financeira.

Na mesma época do fechamento da *Gazeta*, outro jornal, também importantíssimo para a história da mídia no Brasil e ainda mais antigo do que a publicação dos Levy, encerrou suas atividades: o *Jornal do Brasil*, fundado em abril de 1891, no Rio de Janeiro. Os dois enfrentaram problemas financeiros provavelmente provocados pela mesma razão principal – a má administração por parte dos seus controladores – e buscou-se o mesmo investidor numa tentativa, infrutífera, de resolver a falta de dinheiro, Nelson Tanure. A última edição da *Gazeta* circulou no dia 29 de maio de 2009; a última edição do JB foi no dia 31 de agosto de 2010.

A deterioração financeira e a corrosão do prestígio da *Gazeta*, na segunda metade dos anos 1990, levaram jornalistas e investidores a pensar na possibilidade de lançar um jornal ou uma publicação na internet que pudesse preencher essa lacuna – isso antes do anúncio da criação do *Valor Econômico*, o qual reuniu os dois mais poderosos grupos de mídia do país, Globo e Folha, e que tornou proibitiva muitas dessas iniciativas. Eu mesma participei de um desses projetos, com as jornalistas Vera Brandimarte, Claudia Safatle e Mara Luquet, todas ex-*Gazeta* e, na época, trabalhando em outros lugares. Chegamos a elaborar um plano de negócios e entramos em contato com pessoas que poderiam investir na nova publicação, como Luiz Carlos Mendonça de Barros e André Lara Resende, e com especialistas em publicidade. A ideia era criar o *primeirapagina.com* que teria vida só na esfera digital. Uma das premissas era a busca do furo, além de concentrar esforços do time de jornalistas em política e economia, e nas inter-relações entre essas duas instâncias de poder.

O projeto morreu quando os grupos Folha e Globo escolheram o jornalista Celso Pinto para criar e dirigir o que viria a ser o *Valor Econômico*, no segundo semestre de 1999. A primeira pessoa que ele chamou para sua equipe foi a Vera, uma decisão que se revelou muito acertada, porque ela se tornou diretora de redação quando Celso ficou doente em maio de 2003 e teve que se afastar do jornal – ele faleceu em março de 2020. Outros, porém, levaram adiante seus empreendimentos na área de mídia, como Mendonça de Barros, que lançou em 2000 o *Primeira Página*, tendo como sócio Felipe D'Ávila (que se tornaria político, com seu lance mais conhecido sendo o lançamento da candidatura à Presidência da República em 2022). Na redação, o destaque era o jornalista Reinaldo Azevedo. A editora que publicava o *Primeira Página* foi descontinuada em 2006.

O panorama de falência ou interrupção de atividades não vale, claro, apenas para as empresas jornalísticas. A vida média das companhias no Brasil, de forma geral, é curta. Dados apurados pelo Instituto Brasileiro de Geografia e Estatística (IBGE) mostram que, mesmo antes da pandemia de covid-19, quase 80% das empresas não sobreviviam até completar uma década de operações. Das companhias fundadas em 2009, apenas 22,9% chegaram a 2019.

Muitas empresas caem em armadilhas de administração que acabam levando a crises financeiras sérias, segundo Roberto Teixeira da Costa, observador do mundo empresarial desde antes da sua experiência como o primeiro presidente da Comissão de Valores Mobiliários, logo na sua criação, em 1976.[97] Erros muito comuns são crescer sem a devida estrutura, não capitalizar a empresa da forma necessária e pessoas pouco preparadas na gestão. Luiz Fernando Levy, que Teixeira da Costa conheceu bem, era um "pioneiro, visionário, mas pecou por expandir demais a empresa".

Curiosamente, acabaram sendo vendidos ou quebraram todos os grupos comandados por quatro empresários perfilados num livro publicado pela *Gazeta Mercantil* em 1987.[98] Professor da Faculdade de Economia e Administração da Universidade de São Paulo, Cleber Aquino organizou uma série de conversas com empresários, na década de 1980, para que eles contassem suas experiências ao criar e dirigir companhias. Os depoimentos foram feitos diante de uma plateia de alunos e professores, num salão da Faculdade de Economia e Administração da Universidade de São Paulo.

A publicação do resultado das entrevistas feitas por Aquino foi uma tentativa da *Gazeta* de explorar o mercado de livros. O primeiro empresário a ter seu depoimento publicado foi Olacyr de Moraes, presidente do grupo Itamarati. Depois de ter sido considerado o rei da soja, ter fundado o Banco Itamarati e a empreiteira Constran, Olacyr enfrentou, nos anos 1990, problemas financeiros derivados de investimentos em usinas hidrelétricas na construção da ferrovia Ferronorte. Endividado, vendeu seu banco em 1996, e seu império tinha diminuído muito de tamanho quando faleceu, em 2015. Os outros três empresários entrevistados por Aquino passaram por grandes problemas semelhantes aos de Olacyr: eram eles Omar Fontana (da companhia aérea Transbrasil, que sobreviveu apenas um ano depois do falecimento de Fontana); Jorge Wilson Simeira Jacob (cuja principal empresa, a rede varejista Arapuá, teve sua falência decretada em 2002, outras marcas do grupo incluíam o Banco Fenícia, Etti e GG Presentes); e Paulo Diederichsen Villares (a Aço Villares foi vendida para um grupo americano).

Como se destacou neste capítulo, o aumento do prestígio e o destaque reconhecidamente alcançado pela *Gazeta* foram acompanhados pela deterioração das suas finanças, num período em que a mídia, de forma geral, apresentava boas condições econômicas. São raras as comparações entre essas companhias. Um levantamento feito pela jornalista Giuliana Napolitano[99] permite traçar um paralelo entre os mais importantes grupos de mídia no início deste século:

GRUPO GLOBO – Presidente – Roberto Irineu Marinho
Receita bruta – R$ 6,1 bilhões
Lucro líquido – R$ 1,1 bilhão
Patrimônio líquido – R$ 6,9 bilhões

GRUPO ABRIL – Presidente – Roberto Civita
Receita líquida – R$ 1,17 bilhão
Prejuízo líquido – R$ 127,2 milhões
Dívida total – R$ 1,4 bilhão
*Nível de endividamento (sobre os ativos totais): 97,1%

GRUPO ESTADO – Presidente – Francisco Mesquita Neto
Receita líquida – R$ 494,2 milhões
Lucro líquido – R$ 62,2 milhões
Dívida total – R$ 436,3 milhões
*Nível de endividamento (sobre os ativos totais): 70,8%

GRUPO GAZETA MERCANTIL – Presidente – Luiz Fernando Levy
Receita líquida – R$ 205,1 milhões
Lucro líquido – 36,0 milhões
Dívida total – R$ 452,3 milhões

GRUPO SBT – Presidente – Silvio Santos
Receita bruta – R$ 635,7 milhões
Lucro líquido – R$ 21,2 milhões
*Nível de endividamento (sobre os ativos totais): 64,5%

GRUPO FOLHA – Presidente – Luís Frias
Receita líquida – R$ 462,1 milhões
Ativos Totais R$ 312,2 milhões

[a] Os Diários Associados não divulgaram seus dados.
[b] Valores convertidos pelo dólar comercial de 22 de janeiro de 2002.
[c] Fonte: Guias *Valor 1000* e *Melhores e Maiores*.
[d] No caso do Grupo Folha, os dados foram fornecidos pela própria empresa.

Tentativas de contornar a crise

Foram muitas as tentativas de Luiz Fernando Levy para levantar recursos que solucionassem ou, ao menos, amenizassem os problemas financeiros da *Gazeta Mercantil*. Entre os planos para levantar dinheiro para a empresa, houve a venda de participações no seu capital, projetos editoriais que poderiam atrair uma enxurrada de anúncios, a venda antecipada de espaço publicitário para grandes anunciantes e negociações para venda da companhia, seja para outros grupos jornalísticos – brasileiros e estrangeiros –, seja para empresários de outras áreas de atividades, como German Efromovich e Nelson Tanure, ambos conhecidos por controvérsias jurídicas e agressividade na condução dos negócios.

Algumas dessas iniciativas trouxeram, de fato, alento para a situação financeira da *Gazeta* durante meses ou mesmo anos, mas a regra usual para a companhia foi que, depois de algum tempo, os problemas de caixa voltavam, às vezes até piorados, mesmo com aportes substanciais. E algumas dessas ações fracassaram, sem terem apresentado lucros ou pelo menos reduzido prejuízos.

No final das contas, no entanto, não houve o que salvasse a empresa, que fechou suas portas em 2009, deixando centenas de processos judiciais ainda sem solução até o fim do primeiro semestre de 2024. Muitos dos processos foram abertos por ex-funcionários do jornal que não receberam seus direitos trabalhistas ou não tiveram depositados os valores corretos no FGTS. Em 15 de julho de 2024, uma pesquisa no site Jusbrasil mostrou que 707 processos contra Luiz Fernando Levy ainda corriam na Justiça, a maioria nos tribunais de São Paulo. Na mesma data, o Jusbrasil indicou que havia 288 peças processuais contra Nelson Tanure, que assumiu a Gazeta Mercantil nos anos 2000, como se verá nos capítulos seguintes. Muitos deles eram pedidos de pagamento de salários e de outros direitos trabalhistas de funcionários, que não tinham sido honrados pelas várias empresas das quais Levy foi controlador ou sócio.

Segundo Wladimir Durães, advogado que entrou na Justiça com pouco menos de 500 ações trabalhistas contra a *Gazeta* – tanto contra Luiz Fernando como contra Nelson Tanure –, no auge da crise do jornal, a situação financeira dos funcionários chegou a tal ponto que alguns deles não tinham dinheiro nem sequer para pagar o ônibus fretado que os levava até o local do trabalho, o qual a empresa não bancava mais. Para levantar dados sobre os atrasos no pagamento de salários e sobre os meses em que não houve pagamento, os funcionários precisavam recorrer ao banco que abrigava a folha de pagamentos da empresa, porque a *Gazeta* deixou de fornecer essas informações. Muitos funcionários não tinham disponível, porém, nem sequer os R$ 7,00 cobrados pelo banco por folha com os dados.[100]

Na época do encerramento das atividades da *Gazeta*, seu controle era da Companhia Brasileira de Multimídia (CBM), parte do grupo Docas, do empresário Nelson Tanure, o qual sempre defendeu a tese de que ele não era dono do jornal e de outras publicações, como o *Jornal do Brasil*, mas apenas arrendatário das marcas, o que foi contestado por Luiz Fernando e levou a disputas na Justiça. Em junho de 2009, como registrou *O Estado de S. Paulo*, o diretor jurídico da CBM, Djair Rosa, disse que as dívidas da empresa poderiam superar R$ 1 bilhão,[101] o que corresponderia a cerca de R$ 2,2 bilhões ao fim de março de 2023, na atualização dos valores pela inflação oficial, o Índice de Preços ao Consumidor Amplo (IPCA).

Uma das primeiras tentativas de capitalizar a empresa ocorreu em 1982, menos de uma década, portanto, da "reinvenção" da *Gazeta*, demonstrando que a fragilidade financeira foi quase uma constante na trajetória da companhia. Foi uma proposta de Antônio Carlos Cortese, executivo que trabalhou 16 anos na empresa, sempre nas áreas administrativa e financeira, chegando a vice-presidente. Conforme relata Claudio Lachini no seu livro sobre o jornal,[102] Cortese sugeriu que a companhia fosse legalmente dividida em duas empresas separadas e que uma delas, a Gazeta Mercantil Gráfica e Comunicações (que não incluía o jornal propriamente dito), lançasse debêntures por meio das quais foram captados cerca de US$ 6 milhões. Grandes empresas e alguns dos maiores bancos do país atenderam ao chamado de capital. A iniciativa foi considerada pioneira no mercado brasileiro quanto ao modelo de capitalização de uma empresa jornalística.

Outra iniciativa de maior fôlego, já em 1994, foi buscar o apoio financeiro de fundos de pensão, embora estes fossem impedidos legalmente de comprar participação em empresas jornalísticas. O parecer de um especialista no mercado de capitais, Ary Oswaldo Mattos Filho, que tinha sido presidente da Comissão de Valores Mobiliários (CVM), abriu caminho para que um grupo de fundos de pensão fizesse um aporte na *Gazeta* com a tese, aceita pela CVM, de que o investimento estava sendo feito por pessoas físicas, os cotistas dos fundos. O grupo de investidores incluía a Previ (o fundo de pensão do Banco do Brasil), a Sistel (Telebras), a Petros (Petrobras), a Funcef (Caixa Econômica Federal) e Fundação Cesp, entre outros, e aportou US$ 23 milhões (aproximadamente R$ 22 milhões em valores de 2023) no caixa da *Gazeta* por meio da abertura de capital. Com isso, esses investidores, os fundos de pensão, ficaram com 16,91% da companhia.

Esses recursos podem ser considerados bastante substanciais para uma empresa do porte e da lucratividade da *Gazeta*. No balanço de 1995, o lucro declarado foi de R$ 3,3 milhões. No primeiro semestre de 1996, foi bem menor, de R$ 550 mil, tendo registrado ainda um prejuízo financeiro de R$ 10,9 milhões (o que poderia indicar um alto endividamento). No segundo trimestre de 1996, a receita líquida foi de R$ 26,9 milhões.

Em entrevista à *Folha de S.Paulo*,[103] ainda antes do fechamento do negócio com os fundos, Luiz Fernando confirmou as negociações e informou que a *Gazeta* abriria o capital, porque os fundos de pensão só podiam ter participação em companhias abertas. A *Gazeta* passaria, dessa forma, a ser a primeira empresa jornalística de capital aberto no país.

Quando foi feito o aporte dos fundos de pensão, um deles, a Sistel, colocou como condição para sua participação que a *Gazeta* passasse a ocupar um dos seus prédios, localizado no bairro de Santo Amaro, na cidade de São Paulo. O imóvel encontrava-se bem distante, portanto, do centro financeiro e da sede das principais empresas industriais e comerciais, onde trabalhava boa parte dos empresários e executivos a serem entrevistados pelos repórteres do jornal, as fontes de informação. Segundo executivos que trabalhavam nessa época na *Gazeta*, o prédio da Sistel estava vazio havia bastante tempo e, pelas normas vigentes, o fundo teria que contabilizar isso no seu balanço se não encontrasse um locatário rapidamente. Com isso, provavelmente a Sistel teria que declarar prejuízo ou ao menos uma redução substancial nos seus lucros. Encontrar um locatário para o prédio era, portanto, uma questão importante para o fundo de pensão, e a solução veio por meio do acordo com a *Gazeta*.

O jornal, porém, pagou poucas vezes o aluguel do imóvel e depois simplesmente suspendeu os pagamentos. Executivo que trabalhou na empresa no início dos anos 2000 contou, em entrevista na qual pediu para não ser identificado, que circulava a informação de que a *Gazeta* atrasava o aluguel, mas depois ele descobriu que a empresa não pagava a Sistel havia sete anos. Segundo essa pessoa, a *Gazeta* chegou a entrar com um processo contra a Sistel, acusando-a de tentar fraudulentamente cobrar um aluguel muito acima do valor de mercado, porque o fundo era também investidor. Com o processo judicial, a *Gazeta* atrasava o pagamento do aluguel. O fundo de pensão, por vez, também recorreu à Justiça para tentar obrigar a *Gazeta* a pagar os aluguéis.

A disputa judicial entre locatário e locador teve muitos episódios. Num desses desdobramentos, o Superior Tribunal de Justiça determinou a penhora de 15% da renda bruta diária da *Gazeta* para o pagamento de cerca de R$ 30 milhões em aluguéis devidos para a Fundação Sistel de Seguridade Social – o jornal tinha recebido da Justiça paulista uma ordem de despejo.[104] Esses R$ 30 milhões de atraso nos pagamentos de aluguéis correspondiam a R$ 70 milhões em 2023, corrigidos pela inflação medida pelo IPCA.

Num relato enviado à autora do livro, a assessoria da Sistel disse que o contrato de locação do prédio foi assinado em agosto de 1993 e a *Gazeta* ficou lá até março de 2004.

> A *Gazeta* deixou de honrar com os aluguéis mensais a partir de junho de 1995. Houve diversas cobranças por atraso e notificações extrajudiciais, culminando com o ajuizamento de Ação de Despejo em fevereiro de 1997. Em junho de 2000, foi celebrado um acordo judicial em que a *Gazeta* se comprometia a liquidar os débitos de forma parcelada, o que foi cumprido até outubro de 2000. Como a *Gazeta* voltou a descumprir suas obrigações a partir de novembro de 2000, a Sistel retomou as medidas de cobrança administrativa, sem sucesso. Assim, em setembro de 2001, a Sistel propôs nova ação de despejo com cobrança dos débitos. A Sistel em nenhum momento aceitou o descumprimento das obrigações contratuais pela *Gazeta*.

No fim do século passado, houve outra tentativa de melhorar a situação periclitante das finanças da empresa, como contou Aloísio Sotero, que foi superintendente da *Gazeta* e presidente do *InvestNews* entre janeiro de 1999 e maio de 2001.[105] Sotero foi apresentado a Luiz Fernando por José Antônio Nascimento Brito, da família que controlava o *Jornal do Brasil*. Sotero tentara ajudar a melhorar a presença do JB nos meios digitais – falava-se em jornal on-line na época. Sotero disse que tinha experiência nessa área. Tinha conhecido Nascimento Brito quando fora superintendente da Superintendência do Desenvolvimento do Nordeste (Sudene). A palavra de ordem nessas conversas entre os dois era como o JB poderia ganhar com mais inovação tecnológica.

Sotero decidiu, no entanto, aceitar o convite para trabalhar com Luiz Fernando, porque pensou que seria mais adequado investir no mundo digital em um jornal econômico do que em um mais voltado para a política, como *Jornal do Brasil*. Seis meses depois que ele entrou na *Gazeta*, surgiu uma nova e grave crise financeira. Anos antes, a *Gazeta* tinha tomado um empréstimo junto ao Bank of America, que, no período em que Sotero trabalhava lá, era claro que a empresa não tinha como pagar o financiamento, cujo valor era de cerca de US$ 20 milhões, conforme noticiou a *Folha de S.Paulo*.

Na época, grupos estrangeiros estavam interessados em investir em mídia, como se viu, por exemplo, na compra de uma participação no UOL pela Portugal Telecom (PT). A *Gazeta* tinha criado, pouco antes, um serviço de informações noticiosas em tempo real, batizado de *InvestNews*, "ideia do [Matías] Molina, um visionário", segundo Sotero. Mas a empresa enfrentava dificuldades para implementar o projeto, porque os leitores estavam acostumados a não pagar pelas informações no mundo digital. Molina achava que informações do *InvestNews* deveriam ser pagas.

Sotero contou que, como dava aula de finanças corporativas e sabia como fazer avaliação de empresas, fez uma proposta de como equacionar uma solução de capitalização dos negócios de Luiz Fernando. Sua sugestão foi a cisão da *InvestNews* do restante do grupo, passando a ser uma empresa independente da *Gazeta Mercantil*. Os sócios da nova companhia seriam o grupo Portugal Telecom e a própria *Gazeta*. Em valores da época, a empresa portuguesa entrou com 200 milhões de reais, segundo Sotero. Atualizados pela inflação oficial do Brasil, o IPCA, esses valores correspondiam a quase R$ 800 milhões em maio de 2023. (Desde janeiro de 2020, o *InvestNews* voltou a existir como site de informações sobre investimentos, finanças e economia, controlado pela *fintech* Nubank.)

O acordo previa que os pagamentos seriam feitos em parcelas e que a PT não teria ingerência na administração da empresa ou no conteúdo da publicação – e isso para manter a credibilidade da agência. O contrato com a Portugal Telecom foi anunciado no dia 19 de novembro de 2000. O comunicado das duas empresas informava que a expectativa era de que a *Investnews* alcançasse um faturamento de R$ 15 milhões logo no primeiro ano. A meta era que 85% da receita adviesse da venda de produtos de informação, como assinaturas do site Investnews.net a pessoas físicas, pacotes de notícias a provedores e serviço de informação customizada para intranet de empresas. A expectativa da empresa era chegar aos 40 milhões de *pageviews* ao mês, duplicando a audiência do site atual no prazo de um ano. O capital inicial era de R$ 135 milhões, de acordo com o informe divulgado pelas duas companhias.

Luiz Fernando, relatou Sotero, era um "encantador de serpentes, um visionário". Ele mesmo, Sotero, reconhece que também foi encantado pelos sonhos de Luiz Fernando. "Era afetuoso, mas em matéria de gestão não tinha disciplina nos gastos, não sabia manusear dinheiro." Por isso, uma parte do dinheiro da PT não foi para a *Gazeta*. Sotero fazia parte do conselho e não aprovava esse desvio do dinheiro para outros lugares, sem especificar quem recebia os recursos. Luiz Fernando era habilidoso, afirmou o ex-dirigente. Ouvia, mas não adotava as propostas, e foi procurado por muita gente que dizia que tinha solução para os problemas financeiros da empresa.

A parceria com a companhia portuguesa durou, porém, relativamente pouco tempo. Depois que saiu da *Gazeta*, Sotero foi procurado pelos dirigentes da Portugal Telecom para desfazer o negócio, que não estava apresentando os resultados previstos. Em maio de 2003, menos de três anos, portanto, do início da associação, foi firmado um acordo para que a participação da PT fosse recomprada pela *Gazeta*, que assumiu o compromisso de ceder espaço publicitário para a empresa portuguesa durante um prazo de 5 a 7 anos. O acerto não foi totalmente cumprido, até porque a *Gazeta* deixou de circular antes do prazo final previsto no entendimento das partes.

Em outra busca por melhoria da situação financeira, Luiz Fernando Levy assinou, em outubro de 2001, um contrato com uma empresa de consultoria, a World Invest, do ex-diplomata Sérgio Thompson-Flores, com o objetivo de levantar recursos para o seu caixa. Procurado, Sérgio preferiu não se pronunciar.

Segundo pessoas que acompanharam a passagem de Thompson-Flores pela empresa, seu propósito era encontrar investidores que passariam a ser os controladores da *Gazeta*, mas ele teria percebido logo que Luiz Fernando não queria vender o jornal. A situação da empresa era extremamente complicada nessa fase, com uma greve decretada pelos funcionários por causa de três meses de atraso no pagamento dos salários e do corte nos serviços telefônicos. Apesar da greve, o jornal continuava sendo publicado, graças ao trabalho de um grupo de menos de 30 pessoas.

O diagnóstico feito pela equipe da World Invest traçava um retrato complicado das finanças. O faturamento anual da empresa era de R$ 190 milhões, sendo que custos fixos representavam 70%; custos variáveis, 41%; despesas financeiras, 10%. O dado mais alarmante era o endividamento total – de R$ 408 milhões –, sem incluir o Refis (programa do governo federal de renegociação do pagamento em atraso de impostos e tributos). A dívida sem o Refis era, portanto, mais do que o dobro do faturamento.

Como seria de esperar, a situação financeira tinha impactos negativos sobre as operações da *Gazeta*. A distribuição do jornal capengava: em média, 15% do impresso deixava de ser entregue diariamente. Os principais fornecedores estavam "paralisados", segundo relato da consultoria de Thompson-Flores. O fornecedor de papel, por exemplo, não queria entregar o produto nem mesmo com pagamento à vista. A Telefônica (empresa de telefonia do período) tinha cortado os serviços. O *call center* não estava funcionando. A companhia de eletricidade ameaçava cortar a luz da sede da *Gazeta*.

Thompson-Flores implantou uma série de medidas para tentar melhorar as finanças, como relataram pessoas que trabalhavam nessa época na empresa. Uma delas foi buscar o apoio de grandes empresas e bancos, vendendo a ideia de antecipação da receita publicitária – os anúncios seriam publicados ao longo de meses ou anos. O publicitário Mauro Salles foi um dos que ajudaram nos contatos com publicitários e anunciantes. Tanto Olavo Setúbal, presidente do Banco Itaú, quanto Antônio Ermírio de Moraes, do grupo Votorantim, teriam apoiado a proposta de adiantar recursos em troca de espaço para seus anúncios nos meses ou anos seguintes.

Em março do ano seguinte, Luiz Fernando deixou de ser o presidente-executivo da *Gazeta* e foi substituído por Thompson-Flores, ficando no conselho de administração da empresa. Ao anunciar a mudança na direção, Levy disse à Agência Estado que a empresa passaria por "um processo de capitalização", seguindo-se a uma primeira fase de ajustes de custos, tocada por Thompson-Flores.[106]

Pouco tempo antes disso, uma nota publicada pelo site coletiva.net[107] informava que Thompson-Flores tinha revelado a jornalistas da *Gazeta* que a empresa precisava de um aporte de R$ 160 milhões para cobrir o passivo e reestruturar suas operações, e que ele estava negociando com dois possíveis sócios. Em dinheiro de junho de 2023, o investimento necessário seria equivalente a R$ 585 milhões pela correção da inflação oficial.

O custo fixo anualizado da companhia caiu de R$ 188,6 milhões, de janeiro a setembro de 2001, para R$ 109,1 milhões nos primeiros meses de 2002 (valores da época, sem atualização). O número de funcionários passou de 1.785, em setembro de 2001, para 1.209, em fevereiro de 2002. O EBITDA (sigla inglês que significa resultado antes de juros, impostos, depreciação e amortização), afirmou Luiz Fernando ao *Estadão*, deveria sair de um valor negativo de R$ 42 milhões em setembro do ano anterior para "uma projeção positiva de R$ 67 milhões em 2002".

Uma apresentação da World Invest indica uma redução nos custos variáveis da empresa durante o período em que a consultoria esteve na

Gazeta: os gastos com papel, que representavam 10,8% da receita líquida, passaram a 7,1%; impressão, de 4,4% para 3,5%; e distribuição, de 5,6% para 4,1%. Para conseguir esses resultados, foram tomadas medidas que podem ser consideradas drásticas, como deixar de distribuir o jornal em 340 municípios (provavelmente aqueles em que a receita das assinaturas não era suficiente para bancar a entrega do impresso) e redução do número de páginas dos cadernos regionais e da edição nacional.

Talvez ainda mais relevante foi a "descontinuação de produtos deficitários" – no relatório da World Invest, são citados o caderno "Por Conta Própria" (pioneiro em tratar de assuntos de interesse de micro e pequenas empresas), além de "Roteiro VIP", "Esporte Nordeste", TV Gazeta e *Gazeta Mercantil Latino-Americana*. O encerramento das atividades desses produtos mostra como os investimentos eram frequentemente feitos sem a previsão de lucro suficiente para bancar as despesas.

Também houve demissões de grande número de jornalistas e funcionários de outras áreas. Na visão de Matías M. Molina, Thompson-Flores chegou à empresa com um discurso claro, sem rodeios: não havia dinheiro para pagar todos os compromissos. No início do seu trabalho na *Gazeta*, Thompson-Flores chegou a levantar um empréstimo no banco do qual era cliente como uma antecipação de recursos para o jornal conseguir pagar as contas mais urgentes, como lembrou Molina. Ele comentou que Thompson-Flores não tentou interferir na redação, não "encomendou" matérias. Roberto Müller, que tinha voltado para a *Gazeta*, acreditava que se o consultor tivesse continuado na empresa e implementado suas reformas, poderia ter salvado a *Gazeta*.

A passagem de pouco mais de um ano de Thompson-Flores pela direção da *Gazeta* se revelou plena de episódios controversos, conforme relato de outros dirigentes do jornal e de jornalistas, como Müller e Molina. Talvez o episódio mais emblemático tenha sido a negociação com o que poderia ter sido o investidor ideal para a *Gazeta*. Segundo contaram Müller, Molina e outras pessoas, o consultor conseguiu o interesse da Recoletos, do grupo Pearson, então dono do *Financial Times* (Recoletos era o braço espanhol da Pearson), em se tornar sócio do jornal brasileiro. Houve várias reuniões e, depois de muitas tratativas, o Pearson fez uma proposta formal de investimento. Se o negócio tivesse ido em frente, Luiz Fernando teria ficado sócio do *Financial Times* e de grandes empresários (que Thompson-Flores tinha prometido atrair a partir de seus contatos no Rio de Janeiro). Teria sido um feito e tanto, porque o *Financial Times* era e continua sendo um dos dois jornais econômicos mais respeitados do mundo. A aliança teria fortalecido ainda mais a imagem da *Gazeta* e melhorado sua situação de caixa.

A proposta da Recoletos ficava no limite que era permitido legalmente na época para a participação de estrangeiros em empresas de mídia, que era de 30% do capital. Investidores brasileiros entrariam com outro percentual semelhante e ninguém seria individualmente controlador. O plano, imaginava-se, seria confortável para Luiz Fernando, porque o jornal não teria um dono a quem ele seria subordinado; Luiz seria um de vários acionistas. Segundo fontes, Luiz Fernando recusou a proposta, porque a gestão seria compartilhada com os outros sócios, e ele não queria perder poder de administrar a empresa da forma como preferisse e da administração do jornal, que lhe dava prestígio ímpar e acesso às autoridades, além de empresários e banqueiros.

Molina, espanhol de nascimento e com contatos na imprensa do seu país de origem, confirmou tratativas da *Gazeta* com a Recoletos e o interesse dela em se tornar sócia do jornal brasileiro. Um dos negociadores do lado dos espanhóis disse a Molina que "queremos muito" o negócio com a *Gazeta*. Recoletos, em nome do *Financial Times*, assumiria o passivo de Luiz Fernando, que ficaria como presidente do conselho do jornal brasileiro. Luiz Fernando, porém, recuou e não aceitou a proposta dos espanhóis.

Thompson-Flores nunca revelou publicamente quais seriam os empresários brasileiros que estariam interessados em investir na *Gazeta* nessa época, quando o jornal já enfrentava também a concorrência do *Valor Econômico*. Outras fontes informam que entre os possíveis interessados estariam Antônio Carlos Almeida Braga, que foi controlador de uma das maiores seguradoras do país, a Atlântica Boavista, que posteriormente foi incorporada pela seguradora do grupo Bradesco, e o Banco Icatu.

O rompimento do contrato entre a *Gazeta* e Thompson-Flores teve lances dramáticos. Durante o período de gestão da companhia pela consultoria, os indicadores econômico-financeiros melhoraram com o aumento do faturamento e da venda de exemplares do jornal. O consultor insistia na necessidade de avançar na reformulação da empresa e de conseguir outros sócios. Mas Luiz Fernando, conforme relato de pessoas que trabalhavam com ele nessa época, preferiu seguir sozinho. O término do contrato entre Thompson-Flores e Luiz Fernando foi acompanhado de acusações mútuas de procedimentos ilegais e mesmo criminosos de parte a parte.

No ano seguinte ao rompimento do contrato com Thompson-Flores, chegou a ser anunciado um acordo entre a *Gazeta* e o empresário German Efromovich, do grupo Marítima, que previa que Luiz Fernando deixaria de tocar o dia a dia da empresa, sendo substituído por consultores a serem nomeados por Efromovich. Segundo publicado pelo jornal *O Globo*, o passivo trabalhista da *Gazeta* era estimado em R$ 90 milhões – cerca de um terço do faturamento total da empresa, pelos dados da consultoria de Thompson-Flores. No dia 31 de março de 2023, esse valor reajustado pelo índice oficial de inflação do Brasil equivalia a R$ 280 milhões.

O grupo Marítima tinha, na época, negócios nos setores de aviação, telefonia e petróleo, e faturava cerca de US$ 200 milhões. Efromovich ficou conhecido nacionalmente por causa das jogadas ousadas no mundo corporativo e disputas judiciais com a Petrobras, ainda na década de 1990. O grupo Marítima chegou a ser responsável por 27,8% do valor das contratações da estatal, como o próprio Efromovich testemunhou perante o Senado Federal em 2001. Segundo uma pessoa que acompanhou de perto as negociações entre a *Gazeta* e o grupo Marítima, Efromovich teria oferecido US$ 50 milhões para ficar com a empresa dos Levy, mas as negociações foram interrompidas por Luiz Fernando poucas semanas depois do anúncio oficial do acordo. E a razão para o término do acerto teria sido a mesma de outras tratativas: Luiz Fernando não queria perder espaço na administração da empresa.

Em seguida, o dono da *Gazeta* voltou a procurar outro empresário, Nelson Tanure. Em 2001, os dois já haviam negociado a venda de uma participação acionária da *Gazeta* para Tanure, mas Luiz Fernando tinha, novamente, rompido o acordo, mesmo depois que Tanure emprestou dinheiro para a empresa como uma "antecipação" pelo acordo que fariam. Conforme informações publicadas pelo jornal *O Estado de S. Paulo*, o empresário teria aportado cerca de US$ 2,5 milhões para a *Gazeta Mercantil* nesse primeiro contato entre os dois empresários. As negociações foram interrompidas pelo dirigente da *Gazeta*, mas Tanure não recebeu integralmente o dinheiro que adiantou, conforme informações apuradas junto a fontes.

Tanure tinha decidido criar um grupo de mídia, porque achava que havia espaço para concorrer com *O Globo*, que dominava o mercado jornalístico no Rio de Janeiro, como contam pessoas que acompanharam de perto sua passagem pelo segmento de mídia. Antes de investir na *Gazeta*, Tanure já tinha negociado uma parceria com o *Jornal do Brasil*, um diário que ele apreciava como leitor e considerava a reputação da sua marca excelente. Seus investimentos em empresas de mídia teriam resultado num prejuízo de 100 milhões de dólares. Em dinheiro de 2023, seria uma perda de meio bilhão de reais.

Tanure só teve fracassos nas suas investidas em mídia. Além do *Jornal do Brasil* e da *Gazeta*, ele comprou os direitos de publicação no país da revista de negócios e finanças *Forbes*, americana, num contrato que durou cerca de um ano. Em 2007, ele lançou a JBTV, que permaneceu no ar por seis meses e ainda arrendou a editora Peixes, que depois foi "devolvida" aos seus antigos donos, como aconteceu com a *Gazeta* e o JB. Pessoas próximas a ele dizem que o empresário atribui suas perdas com mídia às diferenças de entendimento entre seus pareceristas e os juízes do Trabalho sobre quem deveria bancar os direitos dos funcionais das publicações, que, como na *Gazeta* e no JB, estavam com grandes atrasos. Além disso, as empresas não repassavam os valores devidos ao FGTS e ao INSS. Centenas de funcionários dessas publicações entraram na Justiça em diferentes cidades, mas principalmente em São Paulo e no Rio de Janeiro, contra a *Gazeta* e o JB – por tabela, contra as empresas controladas por Tanure. Advogados orientavam os trabalhadores a buscar seus direitos, incluindo nas petições os nomes de companhias do grupo de Tanure como forma de tentar receber os salários em atraso e outros benefícios previstos em lei.

Formalmente, os contratos fechados pelo grupo de Tanure com os donos dessas companhias eram de arrendamento da marca e não de compra das companhias. Especificamente nos casos do *Jornal do Brasil* e da *Gazeta*, Tanure tomou como base para os contratos pareceres jurídicos, que garantiam que o arrendamento das marcas permitiria que o empresário não precisasse se responsabilizar pelos problemas financeiros antigos das empresas, fossem os atrasos de pagamentos a fornecedores e funcionários, os empréstimos bancários ou pagamentos devidos ao Fisco e ao INSS. Esse entendimento revelou-se muito polêmico, não tendo sido aceito por juízes em muitos processos abertos contra os jornais e seus controladores. O grupo de Tanure passou a ser procurado por todos os credores das empresas, mesmo que as dívidas tivessem sido feitas antes dos contratos com ele. De acordo com advogados, o entendimento de Tanure e desses pareceres feria o que estava previsto em, pelo menos, três artigos da Consolidação das Leis do Trabalho (CLT).

Mesmo antes de fazer um acordo sobre a *Gazeta*, Tanure tinha conhecimento da situação difícil do jornal. Até porque Luiz Fernando o tinha procurado anteriormente, mais de dez vezes. Segundo contam seus interlocutores, ao perceber que a receita do JB estava em queda e ciente de que a *Gazeta* tinha um mercado quase cativo no segmento de publicidade legal, ele se interessou pelo jornal da família Levy. Naquela época, no início da década de 2000, o *Valor Econômico* já havia sido lançado, mas não tinha a expressão que alcançaria nos anos seguintes. Ou seja, ele acreditava na viabilidade financeira da *Gazeta* depois de sanadas as contas em atraso.

Depois de negociações que duraram cerca de um ano, Luiz Fernando e Tanure resolveram firmar, no fim de 2003, um contrato semelhante ao que tinha sido fechado com a família Nascimento Brito. Simultaneamente às conversações com o dono do jornal, Tanure buscou um entendimento com os jornalistas da empresa, que viviam um período de muitos atrasos de salários. Segundo pessoas próximas a Tanure e relatos de funcionários da *Gazeta*, ele teria recebido apoio dos jornalistas, porque sugeriu um plano para não deixar mais atrasar salários.

O contrato entre os dois empresários previa o pagamento de uma porcentagem do faturamento para Luiz Fernando, que seria usado para pagar as dívidas em atraso. Na partida do contrato, Luiz Fernando recebeu um adiantamento. No início da parceria, os dois se entendiam bem, mas logo Tanure passou a achar que Luiz Fernando não tinha critérios nas suas decisões, inclusive nos investimentos pessoais. A interlocutores, Tanure contou que uma vez Luiz Fernando promoveu um evento em Manaus e saiu de lá tendo comprado uma fazenda enorme no estado do Amazonas. Não foi possível encontrar comprovação dessa compra, mas há informações de que Luiz Fernando tinha, nessa época, uma fazenda em Ijuí, no Rio Grande do Sul.[108] A data dessa informação é 2002, quando o jornal estava numa das suas piores fases em termos financeiros.

Com o passar dos anos e maior aceitação no Judiciário de que o grupo de Tanure era, sim, responsável pelas dívidas anteriores à sua entrada nos grupos jornalísticos, ele foi sendo derrotado em um número crescente de processos trabalhistas e de causas levantadas por fornecedores e por governos. O empresário decidiu então, em junho de 2009, romper o contrato com Luiz Fernando. Em um comunicado publicado no site da *Gazeta*, a explicação era que ele tinha decidido pela rescisão em função da "incessante penhora de receitas financeiras do uso da marca *Gazeta Mercantil* para garantir o pagamento de obrigações da Gazeta Mercantil S.A., de propriedade de Luiz Fernando Levy, relativas a períodos anteriores à celebração do contrato de arrendamento da marca pela Editora JB [empresa que editava o *Jornal do Brasil*]". Tanure reafirmava seu entendimento de que essas dívidas eram da *Gazeta* e não do seu grupo.

Apesar de usar o argumento de que não era sucessora da *Gazeta*, a CBM firmou termo de compromisso com o Tribunal Regional do Trabalho de São Paulo para pagar os funcionários. Pagou 11 das 35 parcelas do acordo. A dívida trabalhista da *Gazeta* era calculada em R$ 200 milhões na época – corrigido pelo IPCA, esse valor corresponde a cerca de R$ 450 milhões em 2023.

Além da questão dos processos judiciais, Tanure teria apostado que a publicidade legal (a publicação de balanços e de outros informes de grandes grupos e empresas de capital aberto) era suficiente para tornar a *Gazeta* rentável, se fossem sanados os problemas de gastos exagerados em outras áreas. Mas sua equipe constatou que as agências especializadas nesse tipo de publicidade ficavam com uma porcentagem muito grande da receita, às vezes de até 30% ou 40%, comprometendo o faturamento do jornal.

A interpretação de muitos que acompanharam as negociações com a família Levy é de que os dois empresários – Efromovich e Tanure – teriam tido interesse pela *Gazeta Mercantil* como uma forma de terem maior poder e serem aceitos pela comunidade de negócios do país. Os dois não eram herdeiros de fortunas. Ao contrário, construíram eles mesmos seu patrimônio.

Na época de Tanure, houve mudanças importantes na linha dos editoriais do jornal, com textos mais agressivos de forma geral, e passou-se a publicar também matérias tratando de concorrentes da *Gazeta*. Em 9 de fevereiro de 2004, por exemplo, foi publicado um editorial sobre o grupo Globo – basta citar o título para mostrar o seu tom: "Organizações Globo, império em decomposição". Naquela época, o Globo era sócio da Folha no controle do *Valor*, o principal concorrente da *Gazeta* e que vinha ganhando terreno, tanto em termos de assinaturas como em faturamento publicitário.

Menos de um mês depois, uma matéria tratava da fase aparentemente adversa dos concorrentes do grupo jornalístico de Tanure – eram descritos os problemas de endividamento do grupo Globo e as dúvidas sobre o futuro do SBT quando Silvio Santos se aposentasse. Ao contrário do que usualmente ocorria na fase anterior à entrada de Tanure na empresa, editoriais passaram a tratar também de empresas. Em 19 de fevereiro do mesmo ano, o editorial voltou-se para o laticínio Parmalat, que passava por crise financeira e operacional. O texto propunha que houvesse um fatiamento da empresa e o repasse para cooperativas. Na tradição da *Gazeta* – e de outros jornais – era muito raro que um editorial, que expressa a opinião dos donos da publicação, tratasse de uma companhia especificamente.

O contínuo desgaste financeiro da empresa e os atrasos nos pagamentos de salários e de repasse de recursos para o FGTS foram corroendo, ao longo de anos, a confiança dos funcionários da *Gazeta* na possibilidade de um ajuste financeiro da empresa. Gradualmente, dezenas de jornalistas pediram demissão – muitos ao aceitarem convites para trabalhar em outras redações ou em assessorias de imprensa; outros tantos saíram mesmo sem outro emprego, desgastados com a preocupação em como pagar as contas todos os meses sem o salário em dia.

Esse processo se refletiu na qualidade do conteúdo da *Gazeta*, com menos furos jornalísticos e redução nas áreas de cobertura. Hérica Lene fez um levantamento que mostrou o impacto da crise do jornal pela diminuição do número de páginas de 30 edições dos anos de 2001, 2002 e 2003. As 10 edições de 2001 tinham entre 40 e 50 páginas, sem contar com os suplementos. A edição de sexta-feira e de fim de semana chegava a ter quase 70. Em 2002, houve uma redução e a média verificada em 10 edições foi de 39 páginas, de segunda a quinta-feira, e de 46, às sextas-feiras e aos fim de semana. Em 2003, a média caiu para 35, de segunda a quinta-feira, e para 40, de sexta-feira e fim de semana. O resultado da pesquisa foi citado na monografia, na Universidade Federal do Rio de Janeiro, de Paulo Maurício Schueler sobre jornalismo econômico.[109]

A *Gazeta* à venda

Entre as várias tentativas dos controladores da *Gazeta* de encontrar um sócio para a empresa que pudesse solucionar ou, ao menos, amenizar seus problemas financeiros, destaca-se a decisão de bater à porta dos concorrentes, ou seja, outras empresas jornalísticas, para tentar convencê-los a comprar uma participação na empresa.

Em 1998, Luiz Fernando Levy procurou os quatro maiores grupos jornalísticos da época – editora Abril, Grupo Globo, *O Estado de S. Paulo* e *Folha de S.Paulo* – para negociar uma associação. Pelo relato de pessoas que participaram diretamente dessas negociações, Luiz Fernando rejeitou as propostas recebidas, porque queria manter o controle e a gestão da empresa, algo que os interessados consideravam inaceitável diante dos resultados financeiros ruins da *Gazeta*. Em resumo, os donos da mídia achavam que o jornal tinha muito conteúdo de qualidade, mas era mal administrado e não concordavam que a família Levy continuasse na sua administração.

João Roberto Marinho, presidente do conselho do Grupo Globo,[110] contou sobre o relacionamento da sua família e a família Levy: "Meu pai conheceu bem e gostava do Herbert Levy. Eu não o conhecia bem. Encontrei poucas vezes com ele e só o cumprimentei." Já com Luiz Fernando, João Roberto esteve muitas vezes.

Ele tinha em alta conta a *Gazeta Mercantil*: "Era um jornal de alta qualidade, muito bem-feito, com um time de jornalistas muito bom. O Luiz Fernando tinha conseguido criar e tocar um produto que era muito diferente do que havia no mercado jornalístico. Era de um padrão muito alto." A família Marinho considerou comprar uma participação na *Gazeta*, sim. "Nós enxergamos que poderia valer a pena investir num jornal de qualidade. Não fazia sentido criar um jornal geral fora do Rio."

A família Marinho foi procurada pelo próprio Luiz Fernando. João Roberto não se lembra exatamente da data, mas foi na década de 1990, provavelmente mais para o início dela. Tiveram diversas conversas, mas nunca chegaram a um bom termo. "Não foi nem uma questão de valores, mas sim de estrutura societária." No início, Luiz Fernando tinha oferecido 20% ou 30% da empresa, "o que não nos interessava". Depois, ele evoluiu para 50%. O problema era que Luiz Fernando queria manter a gestão da companhia.

João Roberto foi franco ao relembrar a conversa que levou à interrupção das negociações com Luiz Fernando. "Disse para ele: você tem um produto excepcional e, além disso, você desenvolve ações públicas com a criação de eventos que contribuem para o Brasil", com os seminários e debates organizados pela *Gazeta*. "Você deveria continuar na *Gazeta*, mas sua gestão da empresa falhou. A *Gazeta* não deveria estar nessa situação." O impasse foi criado com a determinação do Globo de só ir adiante com o negócio se Luiz Fernando abrisse mão de administrar a empresa, mas "não houve como contorná-lo". Os dois lados tinham pessoas da área financeira que discutiam valores. João Roberto nem chegou a tratar disso com Luiz Fernando.

As conversas com Luiz Fernando influenciaram na decisão do grupo Globo de criar o *Valor Econômico*? "Não. A gente via que a *Gazeta* estava com problemas [econômico-financeiros] e que esses problemas aumentariam." Mas a iniciativa de fundar um novo jornal econômico foi do Luiz Frias, da *Folha*, que, então, procurou o grupo Globo, disse Marinho.

Os detalhes divergem um pouco, mas as recordações de Francisco Mesquita, diretor-presidente do *Estadão*,[111] são semelhantes quanto ao interesse de Luiz Fernando Levy de achar um sócio. Francisco Mesquita, conhecido como Chiquinho, disse que conheceu bem Luiz Fernando. As famílias já se davam bem havia muitos anos – Júlio de Mesquita (avô do Chiquinho) e Herbert Levy (pai do Luiz Fernando) tinham um bom relacionamento. Mas não havia amizade de fato entre Chiquinho e Luiz Fernando. Almoçavam de vez em quando e "trocavam figurinhas" sobre o país e o mercado de jornais.

Pelo que Chiquinho lembra, no final dos anos 1990, antes, portanto, do lançamento do *Valor Econômico* (que foi em maio de 2000), Luiz Fernando começou a procurar donos de outras empresas jornalísticas, porque a situação financeira da *Gazeta Mercantil* era péssima. O jornal tinha uma "alta qualidade jornalística" e era respeitado pela "enorme credibilidade", mas a empresa sofria por "dificuldades de gestão há décadas".

Luiz Fernando sinalizou, então, para os Mesquita que estava disposto a vender a *Gazeta*. Pouco antes, a direção do *Estadão* tinha aprovado um plano estratégico de crescimento de médio prazo, e uma das possibilidades aventadas era a de exatamente comprar a *Gazeta*, porque se entendia que haveria muita sinergia entre as duas publicações. Chiquinho confirma que Luiz Fernando procurou outras empresas de mídia na mesma época.

Segundo Chiquinho, as negociações avançaram mais com a editora Abril. E Luiz Fernando ficou chateado com Roberto Civita, presidente da Abril, porque ele desistiu do negócio já que se constatou, durante a auditoria das contas da *Gazeta*, que a situação financeira da empresa era muito complicada.

Para o *Estadão*, o momento era muito bom do ponto de vista financeiro, com, por exemplo, o crescimento da agência de notícias Broadcast, que estava se firmando no mercado. Pelo que Chiquinho sabe, Folha e Globo, que também foram procurados por Luiz Fernando, teriam tomado a decisão de criar o *Valor* ao verem as condições financeiras muito ruins da *Gazeta*. Para os dois grupos, "era impossível comprar" a *Gazeta* naquela situação.

Gazeta Mercantil

Se havia interesse do *Estadão* e da *Gazeta* na venda, por que não avançaram as tratativas com o *Estadão*? Chiquinho respondeu da seguinte forma: "Não deu tempo. Estourou a bolha da internet. Logo depois foi criado o *Valor* e as condições de competir no segmento de jornalismo econômico mudaram com isso."

Ele contou também que foi procurado por Sérgio Thompson-Flores quando o consultor de empresas assumiu a gestão da *Gazeta*, no início dos anos 2000. Thompson-Flores fez uma apresentação para os dirigentes do *Estado* para tentar vender a *Gazeta*. A conclusão do *Estadão* era que o relatório era "exageradamente otimista". Falou também com Folha e Globo. Para Chiquinho, foi uma pena o fim da *Gazeta*.

O jornalista Ferdinando Casagrande, que teve duas passagens pelos jornais da família Mesquita e escreveu um livro sobre um deles, o *Jornal da Tarde*, conta que, em 1997, Rodrigo Mesquita, um dos herdeiros do *Estadão*, filho de Ruy Mesquita, liderou um movimento para que a empresa comprasse a *Gazeta*, "que estava financeiramente quebrada e pronta para ser vendida, o que encontrou a oposição de Chico Mesquita, preferindo investir em telecomunicações".[112]

Assim como os outros três grandes grupos de comunicação da época, os dirigentes da *Folha de S.Paulo* foram procurados em 1998 por mandatários da *Gazeta Mercantil* sobre o interesse em comprar o jornal. Na avaliação da cúpula da *Folha* da época, não havia empresário, especialmente do setor industrial, e dirigente de média e grande empresa e de bancos que não fosse assinante da *Gazeta*. Era obrigatório para eles ler o jornal – daí o interesse de outros grupos de mídia.

Pessoas que acompanharam as negociações lembram que a *Gazeta* tinha uma dívida de cerca de US$ 100 milhões (matérias da época da própria *Folha* e comunicados divulgados pela *Gazeta* informam um valor muito menor, de US$ 20 milhões). E isso se referia especificamente a uma operação de emissão de dívida no exterior junto ao Nations Bank (banco americano que mais tarde passou por uma fusão com o Bank of America).

A *Gazeta* pediu que o grupo que se interessasse pelo jornal deveria fazer uma proposta de compra em um prazo de 30 dias, segundo essas pessoas. Os donos da *Folha* queriam participar do "leilão", mas não estavam dispostos, de fato, a comprar o jornal – o que interessava mais era tomar conhecimento das propostas dos concorrentes. Fizeram uma proposta "ridícula" depois de tomarem conhecimento da frágil situação financeira da empresa que controlava a *Gazeta*. Procurado, Luiz Frias preferiu não responder sobre as tratativas com a *Gazeta*.

O grupo Abril fez uma proposta – os valores não foram divulgados pelas empresas, mas as informações que circulavam indicavam que teria sido algo na casa dos US$ 100 milhões. Em 8 de julho de 1998, Abril e *Gazeta Mercantil* chegaram a divulgar um comunicado conjunto, informando que tinha se chegado a um acordo para a venda de participação na *Gazeta* para os Civita.

Numa entrevista concedida em 6 de outubro de 2009 sobre o *Valor Econômico*, Otávio Frias Filho, então diretor de redação da *Folha*, lembrou que o seu jornal tinha tentado comprar a *Gazeta* bem antes, provavelmente ao fim da década de 1980, sem resultados.

> Meu pai estava aqui, estava atuante, e ele tentou num determinado momento nos anos 80 comprar o controle do *Jornal do Brasil* e também tentou ou, pelo menos, autorizou gestões que poderiam levar à compra do controle da *Gazeta Mercantil*. Mas estas gestões nunca evoluíram. Então, é algo como se praticamente nunca tivesse ocorrido, porque não teve uma consequência prática.[113]

Otávio também comentou sobre as razões que levaram o grupo Folha a se interessar em criar um jornal de economia, o *Valor Econômico*, em parceria com *O Globo*, lançado em maio de 2000:

> No caso específico do *Valor*, havia um diagnóstico de que a *Gazeta Mercantil*, que era o jornal mais tradicional nessa área de jornalismo econômico, estava em crise e que provavelmente essa crise não teria remissão. Nesse sentido, então, se vislumbrou a possibilidade de lançar um jornal que fizesse concorrência à *Gazeta Mercantil* e que topasse pelo menos dividir esse mercado com ela.

A negociação da Abril com a família Levy mereceu poucas palavras na biografia de Roberto Civita escrita por Carlos Maranhão, que trabalhou mais de 40 anos na editora Abril, como repórter, editor, diretor de redação e diretor editorial.[114] No livro, conta que, no fim da década de 1990, pressionado pelos credores, Roberto Civita, então presidente da editora, escrevia com frequência em seu diário que precisava reagir para tirar a empresa da situação aflitiva. "Ele chegara a considerar a compra do diário econômico *Gazeta Mercantil*, mas a tentativa não prosperou depois de um jantar com Luiz Fernando Levy."

A *Gazeta* não foi, claro, a única publicação cujos donos tentaram encontrar sócios em momentos de crise financeira. No segundo volume da série *História dos jornais no Brasil*, Matías M. Molina relata o caso envolvendo a família Nascimento Brito, controladora do *Jornal do Brasil*:

> Houve negociações para vender total ou parcialmente o controle. Entre os interessados estavam a Editora Abril, *Folha de S.Paulo* e *O Estado de S. Paulo*. Mas não avançaram pela divisão interna da família, que queria vender parte do capital e manter o controle acionário. Houve também negociações com o grupo canadense Hollinger, de Conrad Black, que poderia comprar a empresa sem ferir as normas legais, uma vez que um de seus diretores era brasileiro nato. Não houve acordo.[115]

Uma história muito parecida com a que ocorreu nas tentativas de venda de participação da *Gazeta*.

Outra negociação sobre o controle do *Jornal do Brasil* é contada em detalhes por Mario Sergio Conti no seu livro sobre a imprensa.[116] No segundo semestre de 1990, diante da situação financeira complicada da empresa, a família controladora do JB, os Nascimento Brito, procurou Paulo César Farias, então o braço direto do presidente Fernando Collor. A intermediação das conversas entre Manuel Francisco Nascimento Brito e PC Farias foi feita pelo banqueiro e mecenas das artes, José Luiz de Magalhães Lins. Depois de muitas conversas, segundo a apuração de Conti, PC ofereceu US$ 120 milhões pelo *Jornal do Brasil* – a família dona do JB achava que o jornal valia US$ 140 milhões e a empresa tinha uma dívida de US$ 90 milhões de dólares com o Banco do Brasil. Mas a mulher de Nascimento Brito, Leda, não assinou o contrato – assim como outros donos de publicações, inclusive Luiz Fernando Levy, ela não queria vender o seu jornal, fonte de prestígio.

Reação dos funcionários

As seguidas crises financeiras da empresa – e o agravamento da situação nos anos 2000 – não foram recebidas passivamente pelos funcionários da *Gazeta*, em especial pelos jornalistas. Muitos deles saíram de lá por falta de condições de manter suas famílias sem o pagamento de salários e com as reclamações da precariedade no ambiente de trabalho. Outros, porém, continuaram na empresa, e da mistura do grupo de jornalistas que estava havia mais tempo no jornal com novatos vindos de outras publicações surgiram duas iniciativas, bem pouco comuns no universo jornalístico. A primeira foi a realização de uma greve em 2001, bem-sucedida do ponto de vista jurídico, porque foi declarada não abusiva. A segunda, a criação de uma associação de funcionários da *Gazeta* para brigar pelos direitos trabalhistas previstos em lei. A associação foi fundada em setembro de 2002.

A greve foi tão marcante que 10 anos depois o boletim *Jornalistas & Cia.* dedicou uma edição especial só a ela com depoimentos de jornalistas, amargurados pelo fim do jornal e pela forma como a empresa tratou seus funcionários.[117] A coordenadora desse boletim especial, Nora Gonzalez (que teve duas passagens pela *Gazeta*, somando 12 anos por lá), procurou explicações para o fato de a greve ter arregimentado tanta gente, já que problemas no pagamento dos salários não eram novidades para os funcionários da *Gazeta*:

> Sempre balizei meu orçamento particular pelo vão debaixo da porta da cozinha: quando o porteiro do prédio conseguia passar o jornal por debaixo dela, era sinal de poucas páginas, portanto, poucos anúncios e vacas magras. Quando eu própria tinha que abrir [a porta] para recolhê-lo, era sinal de que o pagamento seria depositado no banco na data acordada – vá lá, mais ou menos...

Nora se referia aos períodos em que as empresas e os bancos eram obrigados a publicar seus balanços, engordando as edições da *Gazeta*, principal repositório da publicidade legal.

Cecília Zioni, que trabalhou 20 anos na *Folha de S.Paulo* e em *O Estado de S. Paulo* e um ano na *Gazeta* (foi demitida exatamente por causa da greve), levantou uma tese sobre a adesão ao movimento grevista em 2001. A criação do *Valor Econômico*, lançado em maio de 2000, tinha atraído muitos jornalistas da *Gazeta* com a expectativa de que não haveria atrasos de salários e as condições de trabalho seriam melhores. Com isso, as vagas abertas na redação da *Gazeta* foram preenchidas por pessoas mais jovens ou que trabalhavam anteriormente em outras publicações, nas quais não havia atraso de pagamentos. Ou seja, eles não estavam "acostumados" às dificuldades financeiras da Gazeta Mercantil S.A. Cerca de 30% da redação era constituída por esses novatos.

Depois de uma sucessão de assembleias em que se procurou pressionar a direção da empresa para que buscasse uma solução para a falta de caixa, numa reunião em frente ao prédio-sede da *Gazeta*, em Santo Amaro, no dia 15 de outubro de 2001, foi decidida a greve. Quase um mês depois do início da greve, o Tribunal Regional do Trabalho da 2ª Região reconheceu que o movimento não era abusivo e que os grevistas teriam estabilidade no emprego por 60 dias. O tribunal determinou que a empresa deveria pagar os atrasados em 48 anos. Ou incidiria uma multa de 5% ao dia.[118]

Durante a greve, um comunicado assinado por Luiz Fernando já anunciava a reestruturação da empresa.[119] O informe prometia que, depois que as medidas de ajuste fossem adotadas, a *Gazeta* ficaria bem financeiramente e teria condições de continuar sendo o "único jornal nacional" do país. Eram previstas no comunicado a demissão de funcionários ("obedecendo a critérios técnicos, estratégicos e organizacionais, promovendo um ajuste geral que não objetivou penalizar uma área ou pessoas específicas"); a redução do número de diretorias de 18 para 8; e a diminuição de 17 para 8 do número de unidades regionais e internacionais.

Nesse contexto, as decisões do TRT não foram obedecidas. Segundo relato de Nora Gonzalez, um diagramador do jornal estava numa assembleia dos grevistas quando recebeu um recado da mulher – ela tinha recebido, na casa deles, um telegrama da empresa, informando-o da sua demissão. Cerca de 400 empregados da *Gazeta* receberam o telegrama que detalhava que a demissão tinha sido por justa causa, por abandono de emprego. Poucos dias depois, a Justiça decidiu que não era caso de justa causa – o que levou à enxurrada de processos judiciais contra a empresa. Paulo Totti, que trabalhou por 23 anos na *Gazeta* – foi correspondente em três cidades: Washington, Buenos Aires e Cidade do México –, foi considerado um dos líderes da greve, mas em depoimento ao boletim *Jornalistas & Cia.* disse que, embora a apoiasse, era contrário ao movimento, porque ela não tinha sido bem preparada. Greve de jornalistas precisava e precisa da adesão de outras categorias; antes dos gráficos, quando o que importava eram as edições impressas; depois do pessoal de tecnologia, na era digital. A greve da *Gazeta* não teve esse apoio. E o jornal saiu todos os dias. A *Gazeta* também circulou durante outra greve, que foi desencadeada em janeiro de 2003, basicamente para enfrentar os mesmos problemas que tinham levado à paralisação menos de dois meses antes. Calcula-se que 20% dos jornalistas continuaram trabalhando nesse segundo episódio de greve.

Entre uma greve e outra, como as condições de trabalho continuavam muito complicadas, surgiu a proposta de uma associação para se tentar melhorá-las. A ata da sua constituição mostra que havia interesse em agir para garantir pagamentos não somente da parte dos funcionários, mas também de outros credores da companhia, como deixava explícito seu nome: Associação de Empregados, Prestadores de Serviços e Credores das Empresas do Grupo Gazeta Mercantil.

Sua criação foi formalizada com a ajuda de advogados, e o principal objetivo era "defender direitos individuais de cada um [dos associados] perante todas as empresas que compõem o Grupo Gazeta Mercantil, inclusive eventuais sucessores". Esta última observação, em referência à possibilidade de que a família Levy deixasse de ser controladora do jornal, evidenciava a preocupação com a possibilidade de futuros compradores tentarem não bancar as dívidas anteriores à aquisição, como fez o empresário Nelson Tanure (como detalhado no capítulo "Tentativas de contornar a crise"). A lista dos fornecedores que viraram credores da empresa é extensa – houve cortes nos serviços de telefonia, por exemplo, por falta de pagamento. A Fundação Cásper Líbero abriu um processo contra a *Gazeta* por causa do descumprimento de itens de um contrato entre as duas para transmissão de programas feitos pelo jornal. Previa-se o pagamento pelo jornal de R$ 2 milhões, de um total de R$ 5 milhões.

Pelo relato da jornalista Cynthia Malta, que começou na profissão como repórter na *Gazeta* em 1987 e ocupou cargos de chefia, inclusive, na redação da *Gazeta Mercantil Latino-Americana*, a iniciativa de constituição da associação partiu dos repórteres, como uma reação ao caos financeiro que incluiu até a dissolução do fundo de previdência privada, que tinha sido criado na década de 1990.[120] Troca de e-mails e mensagens entre os jornalistas que entraram na associação mostra que eles calculavam que a empresa tinha deixado de repassar cerca de R$ 7 milhões para o fundo de previdência da sua parte e mais R$ 500 mil correspondentes aos descontos feitos nos salários dos funcionários.

A associação, da qual Cynthia foi presidente por uma temporada, tomou várias iniciativas para tentar garantir o pagamento dos salários e de outros direitos. Buscou-se a ajuda do Sindicato dos Jornalistas do Estado de São Paulo e foram muitos os processos judiciais, iniciados ou pela associação ou pelos associados individualmente.

Fora do âmbito do Judiciário, uma ação foi procurar a intermediação do então ministro do Trabalho, Jaques Wagner (que permaneceu nesse posto entre 2003 e 2004), nomeado pelo presidente Luiz Inácio Lula da Silva. Em uma carta mandada ao ministro pedindo o encontro, a associação informou que os empregados da *Gazeta* tinham ficado em média sem receber seus salários entre 6 a 7 meses, em um período de 14 meses. Ou seja, quase como se recebessem apenas uma vez a cada 2 meses.

Além disso, são arrolados outros problemas: a empresa não depositava as verbas correspondentes ao Fundo de Garantia do Tempo de Serviço (FGTS) havia mais de 8 anos; a *Gazeta* descontava dos salários as parcelas correspondentes ao Imposto de Renda e à Previdência Social, mas não as repassava ao governo federal. O encontro dos representantes da associação com Jaques Wagner aconteceu, mas não resultou em medidas concretas para ajudar os jornalistas.

A farta documentação referente à associação, guardada por Cynthia Malta, mostra que Luiz Fernando Levy reconheceu que a empresa não estava cumprindo suas obrigações com os trabalhadores. Um exemplo foi a troca de mensagens entre os jornalistas e o próprio Luiz Fernando, datada de agosto de 2002. No dia 23 daquele mês, ele recebeu um documento com 6 itens detalhando problemas nos pagamentos. Luiz Fernando respondeu, por escrito, no dia 30 e não contestou as informações, todas altamente danosas para a empresa.

Assim, exemplificando, os jornalistas pediram a normalização do pagamento de salários e férias, de julho e agosto daquele ano. Na resposta, Luiz Fernando escreveu textualmente que a normalização ocorreria "o mais breve possível, com ênfase no início da próxima semana, conscientes de que no dia 05/09 estará vencendo o pagamento do saldo do salário de agosto/2002. As férias de agosto serão pagas com os salários e as de julho serão liberadas por faixa, da mesma maneira que os salários". Ou seja, mesmo atrasados, os pagamentos ainda seriam por conta-gotas, conforme a faixa salarial.

O item seguinte cobrava um cronograma do pagamento de salários e férias pendentes desde maio de 2001 – mais de um ano antes dessa correspondência. A resposta foi que haveria o pagamento quando fosse criada uma Sociedade de Propósito Específico (SPE), "voltada para a captação de anúncios classificados corporativos, nos moldes do que está sendo feito no exterior. A receita líquida será utilizada exclusivamente para apressar o pagamento dessas verbas em atraso, quinzenalmente, tão logo a referida empresa esteja operando". Executivos que trabalhavam nessa época na *Gazeta* não se lembram da criação dessa SPE.

O documento assinado por Luiz Fernando reconhece que havia atrasos nos repasses ao FGTS e informava que estava sendo negociado um acordo com a Caixa Econômica Federal para regularizar o passivo da empresa nessa conta. Seus funcionários também questionavam a falta de informações sobre o fundo de previdência privada, que estava em extinção.

Poucos dias depois, no dia 6 de setembro de 2002, Luiz Fernando voltou a mandar um comunicado para a chefia da redação e para os editores do jornal, incluindo aí jornalistas que estavam na empresa desde a década de 1970, tendo sido pioneiros no projeto da sua reformulação, como Klaus Kleber, além de Roberto Müller e Matías M. Molina. Luiz Fernando tinha recebido mais pedidos de esclarecimentos sobre os pagamentos nos dias 2 e 4 de setembro. Já na sua primeira resposta, fica evidente a dificuldade da empresa em cumprir os compromissos assumidos por seu presidente. Em vez de pagar os salários no dia 5 de setembro, no novo comunicado Luiz Fernando informou que o pagamento seria no dia 9. Quanto às verbas referentes às férias de julho, a nova promessa era de que seriam liberadas nas próximas duas semanas. Ou seja, as promessas não eram cumpridas.

A iniciativa mais contundente da associação foi abrir um processo na Justiça para arrestar a marca *Gazeta Mercantil*, que era considerada um ativo muito precioso, dando o prestígio do jornal. Um dos advogados contratados pela associação, Wladimir Durães, lembrou que Roberto Müller dizia que o maior valor do jornal era exatamente o nome *Gazeta Mercantil*. A marca valeria algo como R$ 200 milhões em dinheiro da época ou cerca de R$ 600 milhões em valores atualizados pelo IPCA, em junho de 2023. A ideia era arrestar a marca, que passaria a ser da associação, e com isso levantar dinheiro para pagar os atrasos. Havia um precedente envolvendo a marca da TV Manchete, outra empresa de mídia que entrou em sérias dificuldades financeiras ainda na década de 1990, cuja falência foi decretada em 2002. A marca TV Manchete e o arquivo de mais de 25 mil fitas de gravação de programas foram arrematados em um leilão, em outubro de 2021, por R$ 500 mil. O passivo da Manchete era estimado em R$ 115 milhões, apenas dos credores que se habilitaram no processo da massa falida.[121]

A associação reuniu, no seu momento mais articulado, cerca de 300 pessoas. E era com esse poder que se contava para as negociações. A maioria dos associados era da redação, mas as listagens de reuniões mostram que havia gente de todas as áreas da empresa.

Durante esse processo, houve troca de guarda na direção da empresa, com o contrato entre os grupos de Luiz Fernando e Nelson Tanure. Ao fazer uma proposta concreta de reorganização da redação, em setembro de 2003, Tanure incluiu os membros da associação no seu documento, que previa que o número estimado necessário à geração de conteúdo para o jornal era de 140 profissionais em São Paulo e 60 no restante do país. Só seriam contratados pelo regime da CLT (Consolidação das Leis de Trabalho) os funcionários que recebiam até R$ 2 mil por mês (o equivalente a R$ 6.090,62 em dinheiro de junho de 2023, pela correção do IPCA). Acima desses valores, os jornalistas passariam a ter um contrato de prestação de serviço das suas empresas individuais. Como atrativos para que a maioria concordasse com essas condições, a proposta de Tanure informava que no dia da assinatura do contrato haveria o pagamento da primeira remuneração adiantada (a palavra adiantada estava grifada). Alguns jornalistas, como Armênio Guedes (que tinha 87 anos na época e trabalhava na empresa havia 17), recusaram aceitar essas condições e 17 deles foram demitidos.

Essas tratativas não resultaram em melhores condições de trabalho nem na melhora da qualidade do conteúdo. As relações entre a empresa e seus funcionários, já abaladas pelos constantes atrasos de pagamentos, pioraram com as disputas judiciais e o entendimento de Tanure de que seu grupo não era responsável pelas despesas decorrentes dos problemas financeiros anteriores à sua entrada.

Como se pode imaginar, as disputas judiciais envolveram embates em várias instâncias e com diversos atores. A associação empregou diferentes escritórios de advocacia e muitos funcionários recorreram à Justiça individualmente.

A forma como a empresa tratou seus funcionários nos últimos anos da administração de Luiz Fernando faz lembrar um comentário feito pelo jornalista Milton Coelho da Graça, que foi correspondente do jornal nos Estados Unidos e trabalhou na *IstoÉ* quando a revista pertencia ao grupo. Numa determinada fase, Luiz Fernando promovia encontros com os jornalistas na fazenda da família, no interior de São Paulo. Numa dessas reuniões, falou-se muito sobre os cuidados dados aos cavalos da fazenda. Milton comentou, então, que os cavalos eram mais bem tratados do que os jornalistas. Milton faleceu em maio de 2021 aos 90 anos.

| 151 |

O fim

Os jornais, de forma geral, morrem lentamente, aos poucos. Vão perdendo importância, míngua o número de leitores, cai a receita vinda dos anúncios e das assinaturas, muitos jornalistas e outros funcionários saem em busca de melhores condições de trabalho. O fim é lento, porque com frequência os leitores percebem a perda de qualidade, mas estão tão acostumados com a publicação que se mantêm fiéis a ela, apesar de tudo.

A morte da *Gazeta Mercantil* era esperada, mas ocorreu abruptamente. Sua última edição foi no dia 29 de maio de 2009, quase 90 anos depois da sua fundação, em 1920. Se tivesse sobrevivido, agora seria centenária.

Os problemas financeiros e administrativos da empresa já eram bem conhecidos de muitos leitores, de anunciantes e das agências de publicidade. Era notório para os bancos e o mercado financeiro que a *Gazeta* estava sendo consumida por um alto endividamento, pelo atraso no pagamento de compromissos essenciais para sua funcionalidade, como os salários e as compras de papel para impressão.

Apesar disso, surpreenderam a forma e o momento escolhidos pelo empresário Nelson Tanure para se desfazer do contrato que o tornara, na prática, dono da *Gazeta*, embora formalmente ele tivesse arrendado a marca. Ele publicou na primeira página da própria *Gazeta* um comunicado informando que deixaria de publicar o jornal. O informe era assinado pela Companhia Brasileira de Multimídia (CBM), a empresa criada por Tanure para abrigar os resultados das suas investidas na área de mídia, e afirmava que estava devolvendo a marca *Gazeta Mercantil* para seu controlador anterior, Luiz Fernando Levy. Naquele momento, o jornal, que já tivera em sua folha de pagamentos cerca de 600 jornalistas, mantinha apenas 51.

O informe da CBM atribuía o rompimento do contrato ao fato de os antigos donos, ou seja, Luiz Fernando Levy, não pagarem as dívidas trabalhistas, que vinham se acumulando havia anos. Segundo Djair de Souza Rosa, diretor jurídico da CBM, a empresa realizou nos últimos cinco anos adiantamentos à Gazeta Mercantil S.A. superiores a R$ 90 milhões. "O desinteresse em continuar o contrato de licenciamento e uso da marca 'Gazeta Mercantil' é a imputação de dívidas que absolutamente não são da Editora JB, e sim da Gazeta Mercantil S.A., de propriedade do sr. Luiz Fernando Levy", disse Rosa. Ele afirmou que a rescisão do contrato não implicaria multa à Editora JB.

Reportagem publicada no dia seguinte ao comunicado, assinada pelos repórteres Cristiane Barbieri e André Zahar, indicava que Luiz Fernando não tinha intenção de retomar o jornal – numa ligação telefônica com jornalistas da *Gazeta*, ele disse que "não se iludissem, pois [o jornal] acabou'".[122] Poucos dias depois, ele voltou atrás nessa decisão e anunciou intenção de fazer a *Gazeta* voltar a circular, como se detalhará um pouco à frente.

O fim do contrato entre Tanure, que mal ou bem vinha mantendo o jornal em funcionamento, ainda de forma muito precária, e Luiz Fernando foi acompanhado de acusações de lado a lado. Aliás, essa situação repetiu o que também aconteceu no fim de outros acordos feitos por Luiz Fernando, como com o consultor Sérgio Thompson-Flores.

No mesmo dia em que anunciou sua retirada da *Gazeta*, a CBM divulgou um comunicado interno com críticas a Luiz Fernando:

> Não é sem constrangimento que se vem constatando que os dirigentes da Sociedade Anônima da GZM agem de forma contrária aos dispositivos do contrato de licenciamento. Sobretudo na tentativa de atribuir à nossa empresa, de forma infundada, inconsequente e irresponsável, condição de sucessora das obrigações trabalhistas da GZM S.A. e da Gazeta Mercantil Participações Ltda., com a finalidade de salvaguardar interesses pessoais do controlador.[123]

Já Luiz Fernando, no telefonema à redação da *Gazeta*, qualificou Tanure de "vigarista", e afirmou que o rompimento foi uma tentativa de escapar de sua responsabilidade com as dívidas do jornal.

A *Gazeta* tinha circulação diária de aproximadamente 96 mil exemplares quando Tanure passou a controlá-la, em dezembro de 2003. Na última auditoria do Instituto Verificador de Circulação (IVC), em julho de 2008, esse número estava em 70.193, segundo informou a *Folha*. No momento em que suas atividades foram encerradas, o jornal não era mais filiado ao IVC, provavelmente porque a vendagem tinha diminuído ainda mais.

Naquela época, Tanure controlava estaleiros e empreendimentos imobiliários, reunidos na *holding* Docas S.A. Em 2008, comprou a Intelig, empresa da área de telecomunicações. Em 2009, foi anunciada a venda da operadora de telefonia para a Tim. No primeiro trimestre de 2009, o balanço da Docas apresentou prejuízo de R$ 7,4 milhões e acumulava patrimônio líquido negativo de R$ 41,7 milhões, diante de um saldo negativo de R$ 34 milhões no fim do ano anterior.

As negociações com a Intelig acabaram se revelando problemáticas para Tanure, por causa das ações trabalhistas que incluíram a empresa como ré. Quatro dias antes de a CBM anunciar o fim do contrato com Luiz Fernando, uma juíza da 26ª Vara do Trabalho de São Paulo penhorou R$ 200 milhões do capital da Intelig para garantir o pagamento das dívidas com funcionários, inclusive aqueles que haviam deixado o jornal.[124]

Foi a juíza Maria Aparecida Lavorini que acolheu ação cautelar apresentada pelo advogado Wladimir Durães, que representava mais de 300 empregados e ex-empregados do jornal. A Editora JB e a Companhia Brasileira de Multimídia (CBM), de Tanure, têm sido consideradas sucessoras da *Gazeta Mercantil* em processos trabalhistas. Com essa decisão, o passivo do jornal econômico passou a afetar também a Intelig e, por tabela, a Tim.

A disputa judicial e a troca de acusações entre os dois empresários se estenderam por muito tempo. Nos dias seguintes ao término do contrato entre Luiz Fernando e Tanure, os dois criticaram de forma veemente a gestão dos negócios um do outro. Luiz Fernando disse, por exemplo, que não recebeu o que Tanure prometera, ao firmar o acordo para recuperar as finanças da *Gazeta*. A CBM informou que repassou mais recursos do que deveria, e que os advogados do seu ex-sócio agiram de má-fé e induziram procuradores do Ministério Público a pedir a penhora das receitas do jornal,[125] conforme uma longa matéria do *Valor Econômico*, com entrevistas com Luiz Fernando e com um diretor do grupo de Tanure.

O contrato fechado entre as duas partes, em dezembro de 2003, previa o licenciamento das marcas do grupo Gazeta Mercantil pela CBM. Segundo Luiz Fernando disse aos jornalistas do *Valor*, o contrato previa dois pagamentos: um de R$ 60 milhões, que seria utilizado para abater dívidas trabalhistas; e outro de R$ 80 milhões, para quitar dívidas com fornecedores. Cópia do contrato conseguido pela associação dos funcionários da *Gazeta* comprova que esses pagamentos estavam mesmo previstos.

Os recursos ficariam depositados em uma espécie de conta gráfica e, depois de determinado período, seria feito um acerto de contas. Além desses valores, Levy garantiu ao *Valor* que havia ainda o pagamento de *royalties* de 3% sobre o faturamento anual das marcas da *Gazeta*, algo que ele calcula em torno de R$ 5 milhões ao ano. "Ele [Tanure] anda dizendo que adiantou R$ 100 milhões. Se for isso, ainda faltam outros R$ 40 milhões, corrigidos. Não recebi nada, entreguei as marcas e no dia seguinte o Tanure já saiu faturando com o jornal", afirmou Levy.

As repórteres do *Valor* insistiram sobre esse ponto, e Luiz Fernando admitiu que recebeu adiantamentos dos *royalties*, já que o contrato era de 60 anos, mas diz que esses valores entrariam depois no acerto da conta gráfica. Ele também chegou a receber R$ 25 mil mensais pelo cargo de presidente do conselho editorial, embora o conselho não tenha sido criado. "Depois de um tempo, sem maiores explicações, cortaram isso."

Djair Rosa contradisse Levy ao informar que o empresário tinha decidido se afastar e que os R$ 25 mil se referiam a honorários para desempenho de funções editoriais. Segundo Souza, o contrato previa apenas o pagamento de *royalties* e os desembolsos superaram as estimativas. No caso das dívidas trabalhistas, em 5 anos teriam sido adiantados R$ 150 milhões, ou R$ 90 milhões acima do previsto. Para fornecedores, o valor também teria sido "bastante superior" aos R$ 80 milhões.

A disputa judicial entre os dois grupos se desdobrou em centenas e centenas de ações; alguns processos contra as duas empresas por falta de pagamento devido por prestação de serviços ou fornecimento de materiais, como papel. Em junho de 2023, ainda havia pendências na Justiça, especialmente referentes a ações trabalhistas, sem definição.

Essas disputas, as notórias dificuldades financeiras para viabilizar a continuidade da *Gazeta Mercantil* e suas próprias declarações imediatamente depois do rompimento com Tanure não impediram que Luiz Fernando voltasse a pensar em reerguer o jornal. Uma primeira manifestação dele nesse sentido ocorreu poucos dias depois de ter circulado a última edição do jornal.

No dia 1º de junho, ele declarou que o jornal iria voltar.[126] Luiz Fernando disse, então, não saber como nem de quem seriam os recursos para bancar o relançamento, mas garantiu que estava em negociações para levantar o dinheiro sem dar maiores detalhes. Em comunicado, Levy lamentou o encerramento das negociações e disse que Tanure estaria "apavorado" com a possibilidade de os débitos fiscais, estimados em mais de R$ 800 milhões, virem a ser cobrados de suas empresas, como já aconteceu com o passivo trabalhista. O diretor jurídico da CBM, Djair Rosa, reconheceu que havia risco de a Justiça Federal adotar o mesmo princípio de sucessão das dívidas, a pedido da Receita Federal. Ele calculou na época que o montante total poderia ultrapassar R$ 1 bilhão (o que equivaleria a R$ 2,3 bilhões em outubro de 2023, com a correção do valor pela inflação oficial do Brasil).

O sonho de retomada da *Gazeta* ficou, porém, parado anos. Em 2016, um comunicado foi enviado à imprensa com os seguintes dizeres: "A tradição da marca *Gazeta Mercantil*, que durante décadas foi referência jornalística e líder em economia e negócios no Brasil, até ser descontinuada há sete anos, soma-se agora à mais avançada tecnologia digital para criar um novo veículo de comunicação: a *Gazeta Mercantil Experience* (GME)."[127]

O tom ufanista do informe contrastava com a pouca informação sobre os investidores do projeto: "A empresa, comandada por um grupo de investimentos e TI que adquiriu a marca, passou a publicar nesta semana conteúdo temático com a qualidade editorial do jornal, mas em formato digital inovador, o que envolve, além das reportagens aprofundadas, vídeos e entrevistas com empresários e executivos." O único nome citado, do lado empresarial, foi de Fabio Galvão, que tinha sido sócio e diretor executivo da Verticals Capital, empresa de *venture capital* que, segundo seu próprio comunicado, tinha operado na América Latina até 2014.

Na redação, o jornalista mais conhecido era Ismael Pfeifer, nomeado diretor de conteúdo e editor-chefe. Ele tinha trabalhado na *Gazeta*, tendo ocupado vários cargos, já na década de 2000, chegando a ser editor-chefe por 1 ano e 5 meses. Em entrevista, Pfeifer relembrou que estava trabalhando, em 2016, como editor de economia da TV Record quando foi convidado para uma reunião de pessoas interessadas em relançar a *Gazeta* – entre elas, o próprio Luiz Fernando. Ele achou que o projeto poderia dar certo e a presença de três ex-diretores da *Gazeta* o tranquilizou: "Eles não vão entrar em canoa furada." Pfeifer começou a trabalhar na estruturação da equipe de jornalistas, mas logo percebeu que era, sim, uma canoa furada: "Era um projeto gigantesco, com capacidade financeira insuficiente. E os investidores não apareceram."[128]

O anúncio de criação da *Gazeta Mercantil Experience* foi rapidamente contestado pela associação dos funcionários da *Gazeta*,[129] que enviou uma nota para a imprensa, assinada pelo presidente Marcelo Moreira e pelo advogado Carlo Frederico Müller, em que informava que:

> [...] os advogados da entidade têm recebido nos últimos meses consultas de vários interessados em adquirir a marca *Gazeta Mercantil*, arrestada por medida judicial para servir de garantia ao pagamento de dívidas trabalhistas. Um dos interessados que entrou contato com os advogados foi o empresário Fabio Galvão, da Verticals, que mantém negociações para a aquisição da marca. 2 – Ressaltamos que, apesar de negociações em curso, a marca não foi vendida e continua arrestada. 3 – Reiteramos que qualquer tentativa de concretização da negociação de compra da marca *Gazeta Mercantil* precisa obrigatoriamente passar pelo crivo do Poder Judiciário.

Ao *Portal dos Jornalistas*, que tinha publicado o primeiro comunicado da suposta sucessora da *Gazeta*, Fabio Galvão deu longas explicações sobre o imbróglio. "Penso que em alguns dias teremos tudo isso acertado." Ele reconheceu que o anúncio do lançamento do primeiro projeto da GME foi feito sem que ainda todos os trâmites judiciais para a aquisição da marca tivessem sido finalizados.

Houve, é certo, uma precipitação no anúncio, mas isso em nada inviabiliza a iniciativa, pois estamos fazendo tudo em absoluta harmonia com a Associação dos ex-Funcionários da *Gazeta Mercantil*, inclusive com o grupo de advogados das duas partes conversando permanentemente sobre os passos a serem seguidos. Está tudo encaminhado e tenho certeza de que a finalização do processo judicial é questão de dias.

Galvão explicou que os primeiros passos rumo à aquisição da marca se deram em 2014, quando, junto ao grupo de investidores que disse liderar, começou a analisar e a entender toda a complexidade judicial e econômica que girava em torno da *Gazeta Mercantil*:

Até o final de 2015, ficamos imersos nas questões judiciais e em contato com a Associação dos ex-Funcionários, para que tudo fosse feito de uma forma transparente e duradoura. Queríamos conhecer a fundo toda a questão judicial e mesmo econômica, o que nos levou a realizar uma gigantesca *due diligence*. E para nós era fundamental fazer isso em consonância com a Associação, pois só a partir do momento em que eles de fato entendessem a nossa proposta e aceitassem fazer um acordo é que faríamos o movimento de aquisição. E sempre deixamos muito claro que era premissa a total desconexão em relação aos grupos que administraram o jornal no passado, tanto o Tanure [Nelson] quanto o Levy [Luiz Fernando].

Galvão também disse que seus planos para a nova empresa eram ambiciosos.

Temos de no mínimo chegar aonde a *Gazeta Mercantil* parou, mas creio que em algum tempo poderemos até mesmo ser maiores do que foi um dia o jornal. Explico: nós vamos precisar ter colaboradores em todo o Brasil, em especial nas principais praças, pois queremos dialogar de igual para igual com os empresários dessas regiões. Queremos entender como eles consomem e produzem informações e isso não será possível sem um olhar local. Lembro que o Levy tentou fazer isso, mantendo edições regionais, impressões gráficas descentralizadas, escritórios em várias capitais com redação e equipe comercial, mas, sem os recursos de que hoje dispomos, tudo isso representou uma operação caríssima, insustentável para aquele tempo. Hoje, com a tecnologia, será possível avançar muito nesse conceito de atuação regionalizada e nós vamos investir muito nesse caminho.

Luiz Fernando não apareceu no comunicado nem nas entrevistas dadas por Galvão, mas como contou sua filha, Antônia,[130] ele estava envolvido no projeto. Antônia, cujo nome era citado no informe do novo projeto como a pessoa encarregada de marketing e mídias sociais, comentou:

> Sabe esse projeto da *Gazeta Mercantil Experience* que a gente foi fazer? Eu mudei para São Paulo seis anos atrás por causa disso. Meu pai estava crente que iria dar certo. É muito surreal. Estava tudo ruindo assim – a gente fala, parece que ele era doido –, mas as coisas ruindo e a gente ia jantar no (restaurante) Rubaiyat. E ele levava todo mundo, a família inteira. Ninguém se tocava. Ele tinha muitos projetos, ele ia visitar minha mãe, que tinha um sítio em Ijuí (Rio Grande do Sul) e ele falava assim: a gente tem que começar a criar pato aqui. E aí a gente pega e faz um sistema enorme de criação de pato e de repente daqui um ano a gente vai estar exportando pato. Ideia completamente maluca. E ele sem um tostão no bolso, sabe?

Foi um fim melancólico para um jornal que tinha sido a publicação mais importante e prestigiada na área de economia e negócios do país.

Uma foca na *Gazeta*

Quando fui trabalhar na *Gazeta Mercantil*, em março de 1975, tinha quase 21 anos, cursava a Faculdade de Jornalismo na Universidade de São Paulo (USP) e tinha seis meses de experiência como repórter na editoria de economia da *Folha de S.Paulo*. Ou seja, era uma foca.

Fui direto para uma das editorias mais importantes da *Gazeta* e que constituiria, ao longo dos anos, um alicerce do jornal e chamariz para leitores, a seção de Finanças. Como na *Folha*, os homens predominavam na redação, por larga margem. As edições da *Gazeta* de dezembro de 1974 mostram matérias assinadas por algumas poucas repórteres, como Íris Walquíria, Ana Maria Lombardi e Ana Marcia Vainsencher. Em abril de 1975, o expediente do jornal indicava que trabalhavam na redação 10 editores – todos homens. Em janeiro de 1979, duas mulheres apareciam como editoras: Lillian Witte

Fibe e Yolanda Stein, num total de 16 jornalistas. Miriam Cassas, como já citado no capítulo "O início da 'revolução'", foi pioneira na redação.

E fui logo comissionada para escrever sobre o mercado financeiro, então conhecido como *open market*. Mergulhei num mundo que desconhecia e em que predominavam siglas – o que era uma ORTN? –, além de jargões típicos do mercado, como operações *overnight*.[131] Eu tinha me interessado por economia e política ainda quando adolescente, mas não especificamente por finanças. Nos 20 anos em que trabalhei na *Gazeta*, passei por Brasília, onde fui uma repórter que ia todos os dias ao Banco Central ou ao Ministério da Fazenda. Depois fui editora de Nacional, a seção do jornal que cuidava dos grandes temas econômicos – inflação, crescimento, políticas públicas. Em Londres, fui gerente da *newsletter* em inglês que circulava fora do Brasil e, nos dois últimos na *Gazeta* – 1994 e 1995 –, fui coordenadora do caderno de Empresas. Ou seja, passei por experiências muito diferentes entre si como jornalista, e escrevendo ou editando assuntos também muito diversos.

Há muitos anos, cultivo o sonho de escrever sobre a *Gazeta Mercantil*, porque acho uma história fascinante e uma oportunidade de colocar em prática o que aprendi como jornalista na própria *Gazeta* e em outras publicações para as quais trabalhei. É uma chance de destacar o trabalho de qualidade de muitos jornalistas – e de pessoas que ocuparam outros cargos na empresa.

Este livro é também o relato de uma parte substancial da minha vida como jornalista. Fui moldada como jornalista durante meu trabalho na *Gazeta Mercantil*, como repórter e editora. Aprendi, de fato, a ser jornalista com as pessoas com as quais trabalhei no jornal. Estava no quarto ano de Jornalismo na Escola de Comunicações e Artes (ECA) da Universidade de São Paulo (USP) quando fui contratada pela *Gazeta*. Aprendi muito na faculdade, ampliei meus horizontes, criei laços de amizade que duram até hoje e até fiz as primeiras entrevistas no próprio *campus* da USP como parte do aprendizado, para as publicações da escola. Minha primeira tarefa como "repórter" de um boletim da ECA foi entrevistar um professor da Faculdade de Veterinária sobre vantagens e desvantagens de comer carne de cavalo, que o Brasil estava exportando para alguns países asiáticos.

Mas foi na *Gazeta* que me tornei jornalista. Fui admitida na empresa no dia 13 de março de 1975, como mostra minha carteira de trabalho. Começara minha carreira, como disse, alguns meses antes na *Folha de S.Paulo*. Em 1974, estava no terceiro ano de jornalismo na USP e, incentivada pelo meu pai a trabalhar, fui bater às portas da *Folha* em busca de um

Gazeta Mercantil

estágio. Na época, o jornal tinha um programa de "bolsas de trabalho", que pagava o salário mínimo nacional para jornalistas iniciantes, por um período de três meses, sem o compromisso de contratação ao fim do período.

Depois de uma rápida conversa com Ruy Lopes, que era o editor-chefe da *Folha*, e de ter batido à máquina de escrever um texto curto sobre por que me interessara por jornalismo, a pedido dele, fui informada de que havia vagas para bolsista, desde que um editor topasse me aceitar. Ruy Lopes ainda me perguntou qual era a área de jornalismo que mais me interessava. Como acontecia com a grande maioria dos jovens estudantes de Jornalismo, eu queria escrever sobre política, mas, ciente da censura imposta pelo governo militar aos jornais, disse que preferia economia – e isso selou meus caminhos na carreira. (Vale uma observação – eu era uma estudante de 20 anos, cheguei à redação sem carta de apresentação, o editor-chefe aceitou conversar comigo e me deu um emprego – temporário, mas emprego – em meia hora. Outros tempos, muito diferente do que se vê hoje no mundo empresarial.)

Matías M. Molina, então editor de Economia da *Folha*, me aceitou como estagiária, determinando já no meu primeiro dia de trabalho que eu acompanhasse por um período de umas duas semanas o mercado de *commodities* agrícolas. Fui fazer uma entrevista na Bolsa de Mercadorias de São Paulo, então instalada no centro velho da cidade, sobre algodão.

Meu aprendizado começou ali mesmo na *Folha*, seguindo as orientações do Molina, que, pouco depois, continuaria como meu chefe direto na *Gazeta*. Molina era tão minucioso ao pedir uma matéria que, quando era editor, às vezes chegava a escrever à mão, em laudas, o roteiro que o repórter deveria seguir. Guardo comigo um exemplo dessa prática dele: num determinado dia, cuja data se perdeu, ele queria que eu apurasse uma matéria sobre juta e malva, duas matérias-primas usadas principalmente na confecção de sacaria. Na época, 1974, esses materiais eram muito importantes, porque não existiam tantas outras opções de embalagens para produtos como café, soja, trigo etc. como acontece atualmente.

Para me orientar, Molina escreveu numa lauda, detalhadamente, as informações que eu deveria levantar, começando por me passar um dado que justificava a pauta: o governo tinha decidido que o Brasil iria importar 30 mil toneladas de juta e malva de Bangladesh. Seu roteiro para a minha apuração contemplava os seguintes pontos: 1. Houve queda da produção (nacional)? 2. Houve aumento de consumo? a) em que setores; b) quanto aumentou; c) perspectivas de consumo para 1974-75. 3. Por que o Brasil

| 162 |

não aumenta sua produção para acompanhar a procura? 4. Quanto o Brasil deixa de exportar? 5. Preços internos e internacionais; 6. Quem consome juta – sacaria, cortinas, outros? 7. Concorrência de outros produtos?

Molina saiu da *Folha* algum tempo depois, a convite de Roberto Müller, com quem tinha trabalhado anteriormente na própria *Folha*, e foi para a *Gazeta* ser editor de finanças e integrar o que poderíamos chamar de "núcleo duro" da redação: um grupo relativamente pequeno de jornalistas que estabeleceu os critérios de como a redação deveria atuar. Quando abriu uma vaga na sua editoria, me convidou para ir para lá. Indecisa, consultei um jornalista veterano da *Folha*, Rubens Mattos, que me disse que os quatro melhores jornalistas de economia do país estavam trabalhando na *Gazeta* – além de Molina, ele listou Roberto Müller, Bernardo Kucinski e Aloysio Biondi. Com esse argumento, decidi aceitar o convite. Fui ser repórter de finanças, embora não soubesse diferenciar um banco comercial de um banco de investimento. Molina me incentivou a ler livros de economia – como os do prêmio Nobel Paul Samuelson (exemplares que ainda estão na minha estante).

Não me lembro da primeira vez que encontrei com Luiz Fernando Levy. Como foca, tinha pouco contato inicialmente com a chefia da redação. Passei a encontrá-lo (mas sem necessariamente conversar com ele) quando fui convocada, algumas vezes, para ajudar na cobertura de eventos patrocinados pelo jornal, como o anúncio dos líderes empresariais escolhidos em eleição pelos assinantes da *Gazeta*. A imagem que guardo dele é de um homem gentil e bem-humorado.

Durante a maior parte dos meus tempos na *Gazeta*, a redação era na rua Major Quedinho, n. 90, perto do entroncamento das ruas da Consolação e São Luís, no centro velho de São Paulo. De lá era possível ir a pé para o quadrilátero onde estavam instaladas as sedes dos bancos e das corretoras, que se mudaram para outros bairros da cidade ao longo dos anos, e da Bolsa de Valores, hoje B3, que continua por lá. Durante meus primeiros anos no jornal, ia praticamente todos os dias fazer entrevistas pessoalmente com dirigentes de instituições financeiras.

Não me lembro de ter entrevistado nem sequer uma mulher nessa fase de repórter. Eram todos homens os donos das corretoras e financeiras e diretores de bancos. Muitos deles demonstravam, de uma forma ou de outra, que duvidavam que eu entendia do que estava perguntando. Pelo menos um deles me perguntou claramente se eu sabia a diferença entre a forma de cálculo de diversos títulos do Tesouro Nacional. Felizmente, eu tinha feito a lição de casa, e sabia.

| 163 |

Gazeta Mercantil

A redação era agitada e sobravam papéis por todos os lados. Naqueles tempos, antes dos computadores, todo mundo usava máquinas de escrever, que eram barulhentas. Como não havia internet nem Google para esclarecer uma dúvida, os jornalistas faziam muitas consultas uns para os outros. Fumava-se na redação – e muito. Era comum ver mesas abarrotadas de papéis e de cinzeiros com pontas de cigarro.

Jornalistas gostavam de guardar papéis e recortes de jornais que planejavam ler quando tivessem um tempo ou para consulta numa matéria que estavam começando a planejar escrever. Com isso, era muito comum encontrar baratas "morando" nas pilhas de documentos. Uma vez, fui entrevistar o diretor de um banco e levei um bloquinho de papel para anotar o que ele dizia. Ao abrir o bloquinho, saiu andando pela mesa do escritório dele uma baratinha, para meu constrangimento.

Na redação, além do número muito reduzido de mulheres no início da minha passagem pela *Gazeta*, chamava a atenção a extensão das reuniões dos editores. Como ocorre ainda hoje em muitas redações, na *Gazeta*, no fim da tarde, os editores se reuniam com a chefia – às vezes o próprio Müller, às vezes o Claudio Lachini. Era a reunião para definição o que efetivamente seria publicado no próximo dia e como seria a primeira página da edição seguinte. As reuniões demoravam horas, literalmente.

O grupo dos editores reunia jornalistas com visões da economia muito diferentes entre si, e havia liberdade para que eles discutissem sobre grandes temas até se chegar a um consenso, o que prolongava as reuniões até tarde da noite. Nem sempre era possível chegar a um acordo e diz a lenda que, às vezes, uma matéria publicada numa sessão contradizia a matéria de outra editoria. Eram famosas as discussões em torno, por exemplo, da crise do petróleo dos anos 1970, quando seus preços quadruplicaram em pouco tempo, com impacto enorme para a economia mundial. Muitas vezes, os jornalistas que tinham discutido tão ardorosamente na reunião da primeira página iam jantar juntos – talvez para continuar o debate. Roberto Müller gostava de reunir jornalistas da sua equipe para longos jantares, algumas vezes em restaurantes ali perto da redação, na Galeria Metrópole, na confluência da então charmosa avenida São Luís com a rua da Consolação.

Muito mais simples do que esses restaurantes era o Bar do Estadão. Bastava atravessar a rua Major Quedinho para chegar a esse misto de café e lanchonete, fundado em 1968 e batizado com o apelido tradicional de *O Estado de S. Paulo*, cuja redação funcionava num prédio vizinho da sede da

| 164 |

Gazeta, entre 1953 e 1979, na rua Major Quedinho, n. 28. Era muito comum os jornalistas da *Gazeta* descerem para tomar um café ou comer o sanduíche de pernil, carro-chefe do Bar do Estadão. Molina era um dos frequentadores habituais do lugar e, em geral, convidava um repórter ou editor para tomar um café no meio da tarde. Era uma oportunidade para conversar um pouco mais à vontade com ele. Em 2022, voltei ao Bar do Estadão, e alguns funcionários contaram que se lembravam muito bem da turma do jornal, principalmente de figuras marcantes, como o Molina, com seu forte sotaque espanhol. Diversos jornalistas e o pessoal de outras áreas da *Gazeta* também iam com frequência ao Mutamba, outro bar que ficava na mesma rua.

O fechamento do jornal, na era pré-computadores, era permeada pelos gritos dos jornalistas: "Desce!" Quando uma matéria ficava pronta, escrita em laudas (de papel), o editor colocava título e eventualmente determinava que fosse diagramada uma ilustração – no caso da *Gazeta*, a ilustração do entrevistado em bico de pena ou um gráfico ou tabela com os dados citados no material. Em seguida, chamava um contínuo para que ele literalmente baixasse as laudas para a montagem das páginas.

Havia sempre grande tensão no ar nas horas de fechamento pela expectativa de que tudo, afinal, se encaixaria, mas também pela perspectiva de que se estava fazendo um bom trabalho e pelo temor de que os concorrentes, os outros jornais, fossem publicar um grande furo (uma matéria exclusiva) no dia seguinte. Não se trabalhava, nos primeiros anos da minha vida na *Gazeta*, aos domingos. Não havia edições no sábado e no domingo, e a edição de segunda-feira era fechada na sexta-feira. Muitas vezes se estudou a possibilidade de lançar uma edição no sábado, mas a ideia não se concretizou.

Para aprimorar o trabalho dos jornalistas, a *Gazeta* organizou cursos de Economia. O primeiro deles foi em parceria com a Unicamp – tivemos aulas de Introdução à Economia, Finanças e História Econômica com professores que ganharam enorme destaque no país, como Maria Conceição Tavares, Carlos Lessa, João Manuel Cardoso de Mello e Luiz Gonzaga Belluzzo, para citar apenas alguns.

Essa preocupação com a formação dos repórteres era a base para uma exigência da chefia – o jornalista tinha que dominar o assunto sobre o qual estava escrevendo. As matérias tinham que ser explicativas e, para isso, o jornalista tinha que estudar, como lembrou Vera Brandimarte, que iniciou sua jornada na *Gazeta* na sucursal de Brasília e, depois, ocupou vários cargos em São Paulo, inclusive como braço direito de Molina nos anos 1990.[132]

Gazeta Mercantil

A ascensão da *Gazeta* coincidiu com mudanças importantes nos padrões jornalísticos do país de forma geral. Vera lembrou que, no início da sua carreira, em Brasília, nos anos 1980, ainda era comum jornalistas trabalharem em duas empresas, às vezes em um jornal ou revista e, simultaneamente, em algum órgão governamental. Essa prática depois foi vetada pela direção de muitos jornais por razões óbvias.

Aos poucos, com a ampliação das áreas de cobertura jornalística, a redação foi ganhando mais mulheres jornalistas, tanto na sede como nas sucursais. Algumas das maiores estrelas da *Gazeta* eram mulheres que se destacaram no jornal e consolidaram suas carreiras em outras publicações, como Míriam Leitão, Claudia Safatle, Maria Clara R. M. do Prado, Vera Brandimarte, Heloisa Magalhães.

Minha vida pessoal também foi profundamente afetada, claro, pelos anos que passei na *Gazeta*. Foi lá que me tornei, primeiro, colega, depois subordinada, em seguida amiga e anos mais tarde namorada do Celso Pinto, com quem eu me casaria em 1981. Ele também começara a trabalhar como repórter na *Folha de S. Paulo*, alguns meses antes de mim. Também foi por indicação do Molina que ele foi para a *Gazeta*. Tanto na *Folha* como nos primeiros tempos na *Gazeta*, Celso escrevia sobre matérias-primas. Curiosamente, no meu primeiro dia de trabalho na *Folha*, Molina disse que eu substituiria por duas semanas o repórter especialista em *commodities*, que exatamente naquele dia estava indo para Londres para acompanhar uma reunião da Organização Internacional do Café (OIC). (Naquela época, o café era o principal item da pauta de exportações agrícolas do país e qualquer decisão da OIC era importante.) O repórter era o Celso, que usava rabo de cabelo, calças boca de sino e bolsa de couro.

Pouco depois do casamento, ainda em 1981, a direção do jornal decidiu nos mandar, os dois, para Brasília. Celso se tornou repórter especial para tratar de assuntos macroeconômicos e financeiros; eu fui para escrever matérias a partir de entrevistas no Banco Central, Banco do Brasil, Caixa Econômica Federal e, eventualmente, nos ministérios econômicos. Nessa época, não me considerava nem era tida como foca, mas ir para Brasília significou uma nova fase de aprendizado.

A dinâmica de trabalho em Brasília era muito diferente da rotina de São Paulo. O trabalho na capital federal era mais intenso e rendia muito mais matérias em pouco tempo. Uma ida ao Banco Central ou à Fazenda poderia render duas ou mais entrevistas e vários textos e, como continua a acontecer ainda hoje, tudo (ou quase tudo) o que era divulgado ou se apurava *off the record* com as autoridades ganhava destaque pelo impacto na vida das pessoas e das empresas.

O Brasil ainda vivia sob o jugo de governo militar nos anos em que passei em Brasília e imperava em certos órgãos, como o Banco Central (BC), uma norma não escrita de não facilitar a vida dos repórteres. Nos prédios dos ministérios, do BC, do Congresso Nacional, do Palácio do Planalto, havia sempre uma sala de imprensa onde os jornalistas setoristas podiam manter mesa, cadeira e máquina de escrever para não precisar ir à redação para escrever suas matérias. A orientação do BC era de que os jornalistas ficassem confinados nessa sala à espera da divulgação de *releases* com dados sobre política monetária ou balanço de pagamentos ou, eventualmente, que algum diretor ou técnico fosse até lá anunciar alguma decisão importante.

Na *Gazeta*, não predominava o esquema do setorista que ficava no ministério. O repórter voltava ao escritório da sucursal e combinava com o diretor ou o chefe de reportagem o que escreveria e, muitas vezes, a redação de São Paulo também orientava o encaminhamento do texto.

Era comum em Brasília a convivência entre jornalistas e suas fontes fora do horário de trabalho. Os restaurantes eram relativamente poucos, e era provável que o repórter acabasse almoçando ou jantando na mesa ao lado de um ministro ou diretor do Banco do Brasil. Ia-se ao mesmo clube que as fontes e, às vezes, o seu vizinho era também a pessoa que você tinha que entrevistar. Em compensação, fora do trabalho, a vida na capital federal era muito mais simples do que em São Paulo – não havia trânsito na cidade e eu gastava oito minutos do meu apartamento na Asa Norte, no Plano Piloto, até o prédio do Banco Central.

Foi uma experiência completamente diferente da vida em Londres, para onde fomos em 1989, já com dois filhos, nascidos em Brasília. Celso era o correspondente do jornal e viajava constantemente para outras cidades na Europa. Eu, inicialmente, trabalhava apenas como gerente de uma *newsletter* internacional da própria *Gazeta* que trazia, a cada semana, um resumo dos principais acontecimentos na economia, na política e nos negócios no Brasil. O contato com o jornal era difícil e caro, por telefone. Mas Molina se preocupava em mandar todas as semanas um malote com os jornais brasileiros.

Saí da *Gazeta* no fim de 1995, depois de passar dois anos de volta à redação em São Paulo. Não passei, portanto, pelos tempos mais difíceis de atrasos de salários e condições muito duras de trabalho, vividas por tantos colegas e amigos, a quem modestamente presto minha homenagem.

Notas

[1] Entrevista de José Casado por Zoom, nos dias 5 e 19 de maio de 2022.
[2] Roberto Müller deu cerca de 30 depoimentos por Zoom para o livro ao longo dos anos de 2021, 2022 e 2023.
[3] H. V. Levy, *Viver é lutar*, São Paulo, Saraiva, 1990.
[4] C. Lachini, *Anábase*: história da Gazeta Mercantil – O jornal que fez a última revolução da imprensa brasileira no século XX, São Paulo, Lazuli, 2000.
[5] Disponível em: <http://www.fgv.br/cpdoc/acervo/dicionarios/verbete-biografico/levy-herbert>. Acesso em: 14 jul. 2024.
[6] Disponível em: <https://www.itauunibanco90anos.com.br/pdfs/cap6.pdf>. Acesso em: 28 set. 2023.
[7] Disponível em: <https://www18.fgv.br/cpdoc/acervo/dicionarios/verbete-biografico/levy-herbert>. Acesso em: 14 jul. 2024.
[8] H. V. Levy, *Viver é lutar*, São Paulo, Saraiva, 1990.
[9] Conversa por Zoom, no dia 25 de agosto de 2021.
[10] Conversa por Zoom, no dia 18 de janeiro de 2022.
[11] C. Lachini, *Anábase*: história da Gazeta Mercantil – O jornal que fez a última revolução da imprensa brasileira no século XX. São Paulo, Lazuli, 2000.
[12] Conversa por telefone, no dia 2 de maio de 2022.
[13] J. V. de Resende, *Construtores do jornalismo econômico*: da cotação do boi ao congelamento de preços, São Paulo, Secretaria de Agricultura e Abastecimento do Governo de São Paulo, 2003.
[14] Leitura de exemplares da *Gazeta Mercantil* no acervo da Biblioteca Mário de Andrade e do Arquivo Público do Estado de São Paulo.
[15] E. Ribeiro e E. Paschoal (orgs.), *Jornalistas brasileiros*: quem é quem no jornalismo de economia, São Paulo, Mega Brasil e Call Comunicações, 2005.
[16] A. A. de Abreu, F. Lattman-Weltman e D. R. (orgs.), *Eles mudaram a imprensa*: depoimentos ao CPDOC, Rio de Janeiro, FGV Editora, 2003.
[17] Exemplos citados foram levantados na leitura de exemplares da *Gazeta* na Biblioteca Mário de Andrade e no Arquivo Público do Estado de São Paulo.
[18] Matéria publicada em dezembro de 1987, escrita por Gabriel Priolli.
[19] C. Lachini, *Anábase*: história da Gazeta Mercantil – O jornal que fez a última revolução da imprensa brasileira no século XX, São Paulo, Lazuli, 2000.
[20] Dados repassados pela assessoria do IVC por e-mail, no dia 6 de maio de 2022,
[21] C. Lachini, op. cit.

[22] Publicado no *Jornal ANJ* (Associação Nacional dos Jornais), na edição de novembro de 1998.

[23] No blog Money Report. Disponível em: <https://www.moneyreport.com.br/>. Acesso em: 29 jan. 2023.

[24] Entrevista por Zoom, no dia 27 de abril de 2021

[25] Entrevista por Zoom, no dia 1º de agosto de 2022.

[26] Disponível em: <https://www.wsj.com/articles/whats-in-a-hedcut-depends-how-its-made-11576537243>. Acesso em: 13 jul. 2024.

[27] Disponível em: <https://www.theatlantic.com/technology/archive/2014/07/a-design-lesson-from-the-wall--street-journal/374059/>. Acesso em: 28 jul. 2023.

[28] Consultas à coleção da revista *Expansão* na Biblioteca Mário de Andrade.

[29] Entrevista por Zoom no sábado, dia 4 de dezembro de 2021.

[30] C. de Campos Jr. et al., *Nada mais que a verdade*: a extraordinária história do jornal *Notícias Populares*, São Paulo, Summus, 2011.

[31] G. T. Goldenstein, *Do jornalismo político à indústria cultural*, São Paulo, Summus, 1987.

[32] Entrevista por Zoom, em 11 de março de 2021.

[33] Em duas conversas, nos dias 8 e 16 de setembro de 2021, por Zoom.

[34] A. Alves de Abreu, F. Lattman-Weltman e D. Rocha (orgs.), *Eles mudaram a imprensa: depoimentos ao CPDOC*, Rio de Janeiro, FGV Editora. 2003.

[35] Memorial publicado pela *Folha* no caderno Ilustrada/Ilustríssima, no dia 2 de julho de 2023.

[36] A. L. Resende, *Consenso e contrassenso*: por uma economia não dogmática, São Paulo, Portfolio-Penguin, 2020.

[37] C. Biderman, L. F. Cozac, J. M. Rego. *Conversas com economistas brasileiros*, São Paulo, Editora 34, 1996.

[38] Conversa por telefone, em dezembro de 2021.

[39] Entrevista por Zoom, no dia 13 de dezembro de 2022.

[40] Entrevista concedida pessoalmente no dia 16 de março de 2021, na casa dele, no Alto de Pinheiros, na cidade de São Paulo.

[41] Disponível em: <http://www.itauunibanco90anos.com.br/90/o-livro.htm>. Acesso em: 28 set. 2023.

[42] Disponível em: <https://www.youtube.com/watch?v=-mCZcAQXMMo>. Acesso em: 15 jul. 2024.

[43] Entrevista por e-mail, no dia 19 de julho de 2022.

[44] Em entrevista concedida pessoalmente no seu apartamento no Alto de Pinheiros, em 20 de outubro de 2022.

[45] Entrevista por Zoom, no dia 11 de outubro de 2022.

[46] Em duas entrevistas, em junho e julho de 2021, a primeira por Zoom e a segunda no seu apartamento, no bairro de Higienópolis, na cidade de São Paulo.

[47] S. Basile, *Elementos de jornalismo econômico*, São Paulo, Negócio, 2002.

[48] Partido Trabalhista Brasileiro (PTB), Partido Liberal (PL) e Partido Social Cristão (PSC).

[49] Entrevista na sede da Fundação Getulio Vargas (FGV), em São Paulo, no dia 28 de março de 2023.

[50] Entrevista por telefone, no dia 5 de julho de 2023.

[51] F. H. C., *Diários da Presidência, 1999-2000*, São Paulo, Companhias das Letras,

[52] Idem, p. 96.

[53] Entrevista feita por Zoom, no dia 7 de dezembro de 2022.

[54] Entrevista feita por Zoom, no dia 7 de dezembro de 2022.

[55] "Memória e história do jornalismo de economia brasileiro: a 'construção' das notícias na *Gazeta Mercantil*". Artigo apresentado durante o Congresso Brasileiro das Ciências da Comunicação, realizado em setembro de 2012, em Fortaleza. Disponível em: <http://www.intercom.org.br/papers/nacionais/2012/expocom/resumos/R7-0482-1.pdf?>. Acesso em: 18 jul. 2024.

[56] M. M. Molina, *História dos jornais no Brasil*: da era colonial à regência (1500 a 1840), São Paulo, Companhia das Letras, 2015, v. 1.

[57] H. Lene, *Jornalismo de economia no Brasil*, Cruz das Almas, Editora UFRB, 2013.

[58] Entrevista por telefone, no dia 1º de agosto de 2023.

[59] Entrevista por Google Meets, no dia 21 de outubro de 2022.

[60] Citações sobre a cobertura dos movimentos do livro de D. Kynaston, *The Financial Times*: a Centenary History, New York, Viking, 1988.

[61] Entrevista por telefone, no dia 26 de julho de 2023.

[62] A. Bianchi, "Crise e representação empresarial: o surgimento do pensamento nacional das bases empresariais", em *Revista de Sociologia e Política*, Curitiba, n. 16, pp. 123-142, 2001.

[63] L. A. Payne, *Brazilian Industrialists and Democratic Change*, Maryland, Johns Hopkins University Press, 1994.

[64] Situações retiradas do livro de M. L. Martinez (ed.), *Matías M. Molina*: o ofício da informação: um perfil com vários autores, 2012 (edição particular).

[65] Entrevista por Zoom, no dia 11 de outubro de 2022.

[66] Conversa por Zoom, em 25 de agosto de 2022.

[67] M. L. Martinez (ed.), *Matías M. Molina*: o ofício da informação: um perfil com vários autores, 2012.

[68] M. H. Tachinardi, *Roberto Müller Filho*: intuição, política e jornalismo, São Paulo, Imprensa Oficial do Estado de São Paulo, 2010.

[69] W. C. Freire da Silva, *Cultura em pauta*: um estudo sobre o jornalismo cultural, São Paulo, 1997, Dissertação (Mestrado em Comunicação), Universidade de São Paulo.

[70] C. Golim et al., "Jornalismo e sistema cultural: a identidade das fontes na cobertura de cultura do jornal *Diário do Sul* (Porto Alegre, 1986-1988)", em Comunicação & Sociedade, ano 32, n. 54, pp. 127-147, jul./dez. 2010.

[71] Disponível em: <https://www.jornalja.com.br/arquivo/tag/helio-gama/>. Acesso em: 6 dez. 2022.

[72] Em entrevista no dia 17 de agosto de 2021, por Zoom.

[73] E. G., *Nada é tudo*: ética, economia e brasilidade. São Paulo, Campus, 2000.

[74] Entrevista por Zoom, no dia 8 de outubro de 2021.

[75] Disponível em: <https://www.observatoriodaimprensa.com.br/imprensa-em-questao/ed699-os-jornais-regionais-da-gazeta-mercantil/>. Acesso em: 11 jul. 2024.

[76] Disponível em: <https://sistemas.uft.edu.br/periodicos/index.php/observatorio/article/view/3220>. Acesso em: 23 abr. 2022.

[77] Conforme anúncio publicado na própria *Gazeta*, no dia 24 de junho de 1999.

[78] A.-S. Filgueiras, *O jornalismo econômico no Brasil depois de 1964*, Rio de Janeiro, Agir, 1987.

[79] Resposta por WhatsApp, no dia 20 de julho de 2023.

[80] Entrevista pessoal na data referida.

[81] Entrevista no dia 22 de julho de 2022 no Shopping Higienópolis.

[82] Entrevista durante um almoço no restaurante Parigi, na rua Amauri, em São Paulo, no dia 22 de setembro de 2021.

[83] Entrevista nos dias 8 e 16 de setembro de 2021, por Zoom.

[84] Disponível em: <https://www1.folha.uol.com.br/fsp/1996/8/30/dinheiro/9.html>. Acesso em: 8 set. 2022.

[85] Conversa no dia 27 de julho de 2023, por Microsoft Teams.

[86] Disponível em: <https://www.coletiva.net/artigos/o-fim-de-um-jornal-melhor-que-os-seus-donos.163447.jhtml>. Acesso em: 3 fev. 2022.

[87] Entrevista no dia 25 de julho de 2022, na sua casa no Sumaré, bairro da Zona Oeste de São Paulo.

[88] Entrevista no dia 17 de março de 2021, por Zoom.

[89] Entrevistas por Zoom, nos dias 8 e 16 de setembro de 2021.

[90] Entrevistas por Zoom, em 21 de outubro de 2021 e 9 de novembro do mesmo ano.

[91] Em entrevista por Zoom, no dia 4 de novembro de 2022.

[92] Entrevista no dia 3 de setembro de 2022, em conversa na confeitaria Dulca, em Higienópolis, na cidade de São Paulo.

[93] H. V. Levy, *Viver é lutar*, São Paulo, Saraiva, 1990, no capítulo "Uma fase de grandes empreendimentos conturbados por causas fora do meu alcance".

[94] Entrevista por telefone, no dia 3 de abril de 2023.

[95] Em entrevistas nos dias 7 e 11 de outubro de 2022, por Zoom e pessoalmente.

[96] M. M. Molina, *História dos jornais no Brasil*: da era colonial à regência (1500 a 1840), São Paulo, Companhia das Letras, 2015, v. 1.

[97] Entrevista por Zoom, no dia 10 de dezembro de 2021.

[98] Trabalho apresentado na Intercom – Sociedade Brasileira de Estudos Interdisciplinares da Comunicação, no XXXV Congresso Brasileiro de Ciências da Comunicação, em Fortaleza (CE), de 3 a 7 de setembro de 2012. (C. Aquino, *História empresarial vivida – depoimentos de empresários brasileiros bem-sucedidos*, Volume I, Gazeta Mercantil, 1986.)

[99] Dados levantados pela jornalista Giuliana Napolitano, na revista *Poder*, de fevereiro de 2002, que mostram um panorama dos maiores grupos de mídia brasileiros, citados em trabalho apresentado no Núcleo de Políticas e Economia da Comunicação, do XXVI Congresso Anual em Ciência da Comunicação, em Belo Horizonte (MG), de 2 a 6 de setembro de 2003.

[100] Entrevista no dia 24 de julho de 2023 por Google Meet.

[101] Disponível em: <https://www.estadao.com.br/economia/divida-da-gazeta-mercantil-pode-superar-r-1-bi/>. Acesso em: 20 jan. 2023.

[102] C. Lachini, *Anábase*: história da Gazeta Mercantil – O jornal que fez a última revolução da imprensa brasileira no século XX. São Paulo, Lazuli, 2000.

[103] Entrevista publicada pela *Folha*, no dia 5 de janeiro de 1994.

[104] Informações publicadas pelo consultor jurídico em junho de 2008.

[105] Entrevista de Sotero no dia 15 de outubro de 2021, por Zoom.

[106] Disponível em: <https://www1.folha.uol.com.br/fsp/dinheiro/fi0211200225.htm>. Acesso em: 22 mar. 2023.

[107] Disponível em: <https://www.coletiva.net/index.jhtml>. Acesso em: 5 fev. 2002.

[108] Disponível em: <https://www.coletiva.net/comunicacao/levy-tambem-mora-em-ijui,199528.jhtml>. Acesso em: 25 mar. 2023.

[109] P. M. Schueler da Encarnação, *Colunismo econômico na* Folha *e no* Estadão, Rio de Janeiro, 2007, Monografia (Graduação em Comunicação Social/Jornalismo), Escola de Comunicação, Universidade Federal do Rio de Janeiro. Disponível em: <https://pantheon.ufrj.br/bitstream/11422/1648/1/PENCARNA%C3%87%C3%83O.pdf>. Acesso em: 4 abr. 2022.

[110] Em entrevista por Microsoft Teams, no dia 25 de outubro de 2022.

[111] Entrevista feita por telefone, no dia 22 de agosto de 2022.

[112] F. Casagrande, *Jornal da Tarde*: uma ousadia que reinventou a imprensa brasileira, Rio de Janeiro, Record, 2019.

[113] J. F. G. da Fonseca, "Tentativa.doc 2.0: aspectos tecnopoéticos de uma pesquisa criação na cena intermedial", em *Vazantes* – Revista do Programa de Pós-Graduação em Artes, Fortaleza, v. 3, n. 2, pp. 134-50, 2019.

[114] C. Maranhão, *Roberto Civita, o dono da banca*: a vida e as ideias do editor da *Veja* e da Abril, São Paulo, Companhia das Letras, 2016.

[115] M. M. Molina, *História dos jornais no Brasil: da era colonial à regência (1500 a 1840)*, São Paulo, Companhia das Letras, 2015, v. 2.

[116] M. S. Conti, *Notícias do Planalto*: a imprensa e Fernando Collor, São Paulo, Companhia das Letras, 1999.

[117] Disponível em: <https://www.yumpu.com/pt/document/read/23691485/especial-10-anos-da-greve-da-gazeta-mercantil-jornalistas-cia>. Acesso em: 15 out. 2023.

[118] Disponível em: <https://www.jusbrasil.com.br/noticias/greve-dos-jornalistas-da-gazeta-mercantil-e-legal/138179>. Acesso em: 5 maio 2023.

[119] Disponível em: <www.comunique-se.com.br>, do dia 8 de novembro de 2001. Acesso em: 22 out. 2021.

[120] Entrevista por Zoom, no dia 21 de outubro de 2021.

[121] Disponível em: <https://exame.com/casual/mais-lidas-por-meio-milhao-extinta-rede-manchete-e-arrematada-em-leilao-2/>. Acesso em: 4 jan. 2021.

[122] Disponível em: <https://www1.folha.uol.com.br/fsp/dinheiro/fi2605200920.htm>. Acesso em: 7 maio 2023.

[123] Idem.

[124] Matéria assinada por Talita Moreira no *Valor Econômico*, em 2 de junho de 2009, conforme mostra acervo do jornal na Biblioteca Mário de Andrade.

[125] Matéria assinada por Raquel Balarin e Talita Moreira no *Valor Econômico*, no dia 3 de junho de 2009.

[126] Disponível em: <https://www.estadao.com.br/economia/divida-da-gazeta-mercantil-pode-superar-r-1-bi/>. Acesso em: 22 maio 2022.

[127] *Gazeta Mercantil Experience*. Disponível em: <https://www.portaldosjornalistas.com.br/nasce-gazeta-mercantil-experience-gme/>. Acesso em: 15 ago. 2022.

[128] Entrevista no dia 21 de outubro de 2021, por Zoom.

[129] Disponível em: <https://www.portaldosjornalistas.com.br/page/721/?p=T71&join=tools-resources%2Fwhite-papers%2F>. Acesso em: 18 jul. 2024.

[130] Entrevista por Zoom, no dia 4 de dezembro de 2021.

[131] ORTN era a sigla para Obrigações Reajustáveis do Tesouro Nacional, um dos títulos públicos federais que foram emitidos entre 1964 e 1986, e cujo principal atrativo era garantir correção monetária para o investidor, uma característica importante em tempos de inflação muito elevada. Aplicações *overnight* são feitas de um dia para o outro para financiar posições de títulos públicos dos bancos.

[132] Entrevista no dia 7 de julho de 2022.

Bibliografia

ABREU, A. A.; LATTMAN-WELTMAN, F.; ROCHA, D. (orgs.). *Eles mudaram a imprensa*: depoimentos ao CPDOC. Rio de Janeiro: FGV Editora, 2003.
AQUINO, C. *História empresarial vivida*: depoimentos de empresários brasileiros bem-sucedidos. São Paulo: Gazeta Mercantil, 1986, v. I.
_____ (org.). *História empresarial vivida*: depoimentos de empresários brasileiros bem-sucedidos. São Paulo: Atlas, 1991, v. V.
BACHRACH, J. *Tina and Harry Come to America*: Tina Brown, Harry Evans and the Uses of Power. Washington, D. C.: The Free Press, 2001.
BASILE, S. *Elementos de jornalismo econômico*. São Paulo: Negócio, 2002.
CALDAS, S. *Jornalismo econômico*. São Paulo: Contexto, 2003.
CARDOSO, F. H. *Diários da Presidência*: 1999-2000. São Paulo: Companhia das Letras, 2017, v. 3.
CASAGRANDE, F. *Jornal da Tarde*: uma ousadia que reinventou a imprensa brasileira. Rio de Janeiro: Record, 2019.
CONTI, M. S. *Notícias do Planalto*: a imprensa e Fernando Collor. São Paulo: Companhia das Letras, 1999.
CRUZ, S. C. V. e. *Empresariado e Estado na transição brasileira*: um estudo sobre a economia política do autoritarismo (1974-1977). São Paulo: Fapesp; Campinas: Editora Unicamp, 1995.
ERBSEN, C. et al. (eds.). *Innovations in Newspapers 2011*: World Report. [S. l.]: Innovation, 2011.
FERNANDES JÚNIOR, O. *O baú do guerrilheiro*: memórias da luta armada urbana no Brasil. Rio de Janeiro: Record, 2004.
FOLHA DE S.PAULO. *Novo manual da redação da Folha de S.Paulo*. São Paulo: PubliFolha, 1992.
GOLDENSTEIN, G. T. *Do jornalismo político à indústria cultural*. São Paulo: Summus, 1987.
GREGORY, P.; BALDWIN, D.; JONES, M. *The Women of the Cousins War*. New York: Simon & Schuster, 2011.
KUCINSKI, B. *Jornalismo na era virtual*: ensaios sobre o colapso da razão ética. São Paulo: Fundação Editora Unesp/Fundação Perseu Abramo, 2005.
KYNASTON, D. *The Financial Times*: a Centenary History. New York: Viking, 1988.
LACHINI, C. *Anábase*: história da *Gazeta Mercantil*. O jornal que fez a última revolução da imprensa brasileira no século XX. São Paulo: Lazuli, 2000.
_____. *Um revolucionário perplexo*: biografia de Herbert Victor Levy, jornalista, banqueiro, político e empreendedor. São Paulo: Fórum de Líderes, 2002.
LENE, H. *Jornalismo de economia no Brasil*. Cruz das Almas: Editora da UFRB, 2013.

LEVY, H. V. *Viver é lutar*. São Paulo: Saraiva, 1990.

LEVY, M. *Entrevistas bem-sucedidas em apenas 1 hora*. São Paulo: Nobel/Biblioteca Gazeta Mercantil, 1998.

MARANHÃO, C. *Roberto Civita, o dono da banca*: a vida e as ideias do editor da *Veja* e da Abril. São Paulo: Companhia das Letras, 2016.

MARTINEZ, M. L. (ed.). *Matías M. Molina*: o ofício da informação: um perfil com vários autores, 2012.

MOLINA, M. M. *História dos jornais no Brasil*: da era colonial à regência (1500 a 1840). São Paulo: Companhia das Letras, 2015, v. 1.

MORAIS, F. *Chatô*: o rei do Brasil. São Paulo: Companhia das Letras, 1994.

MOTTA, C. *Até a última página*: uma história do *Jornal do Brasil*. Rio de Janeiro: Objetiva, 2017.

OTÁVIO, G. (org.). *Vida brasileira*: reportagens sobre o Brasil produtivo. São Paulo: Lazuli/Gazeta Mercantil, 2000.

PASCHOAL, E. *A trajetória de Octavio Frias de Oliveira*. São Paulo: PubliFolha, 2007.

PILAGALLO, O. *História da imprensa paulista*. São Paulo: São Paulo: Editora Três Estrelas, 2012.

PINTO, C. *Os desafios do crescimento*: dos militares a Lula. São Paulo: Valor/PubliFolha, 2007.

QUEIROZ, L. R. S. *Os bastidores da notícia*: histórias da redação do *Estadão*. [*S. l.*]: LRSQ Comunicação Empresarial, 2017.

QUINTÃO, A.-S. F. *O jornalismo econômico no Brasil depois de 1964*. Rio de Janeiro: Agir, 1987.

RESENDE, J. V. *Construtores do jornalismo econômico*: da cotação do boi ao congelamento de preços. São Paulo: Secretaria de Agricultura e Abastecimento do Governo de São Paulo, 2003.

RIBEIRO, E.; PASCHOAL, E. (orgs.). *Jornalistas brasileiros*: quem é quem no jornalismo de economia. São Paulo: Mega Brasil/Call Comunicações, 2005.

SCALZO, M. *Jornalismo de revista*. São Paulo: Contexto, 2009.

SCHARFF, E. E. *Wordly Power*: the Making of *The Wall Street Journal*. New York: New American Library, 1987.

TACHINARD, M. H. *Roberto Müller Filho*: intuição, política e jornalismo. São Paulo: Imprensa Oficial do Estado de São Paulo, 2010.

UNGARETTI, W. N. *Empresariado e ambientalismo*: uma análise de conteúdo da *Gazeta Mercantil*. São Paulo: Annablume, 1998.

VASCONCELOS, F. *Anatomia da reportagem*: como investigar empresas, governos e tribunais. São Paulo: PubliFolha, 2007.

VILARDAGA, V. *À queima-roupa*: o caso Pimenta Neves. São Paulo: Leya, 2013.

WENDT, L. *The Wall Street Journal*: The Story of Dow Jones & the Nation's Business Newspaper. Chicago: Rand McNally & Company, 1982.

Agradecimentos

Além de Roberto Müller e de Matías M. Molina, cuja participação no livro foi inestimável, agradeço a Carlos Eduardo Lins da Silva, ex-diretor do Núcleo Celso Pinto de Jornalismo do Insper. Foi para ele que apresentei a ideia do livro sobre a *Gazeta*, e os dois anos e meio de convivência só reforçaram a imagem que tenho dele, de profissional capaz e pessoa muito gentil. Também contei com o apoio de André Lahóz, diretor do Insper.

Agradeço também aos financiadores do livro que me apoiam por meio do Insper. Tenho certeza de que muitos deles fizeram essa doação em homenagem ao Celso, com quem todos conviveram – André Lara Rezende, Armínio Fraga, Candido Bracher, Celso Lafer, Claudio Haddad, Demosthenes Madureira de Pinho Neto, Guilherme Leal, Horácio Lafer Piva, Ilan Goldfajn, Pedro Moreira Salles e Persio Arida.

A lista dos que doaram seu tempo e lembranças em conversas comigo é longa e, mesmo assim, alguns nomes ficarão de fora – são pessoas que conversaram comigo sobre suas passagens pela *Gazeta*, mas que pediram para não serem citadas no livro por variadas razões. A eles e a todos os outros relacionados a seguir, meu muito obrigada. Também agradeço o carinho e o apoio dos meus filhos, Pedro e Luís, e das noras, Lina e Mariana, assim como dos meus irmãos, cunhados, sobrinhos – uma família muito generosa. Os amigos Cynthia Malta, Vera Brandimarte, Marília Camargo César, Zínia Baeta, Robinson Borges, André Lara Resende e Iran Gonçalves Júnior me incentivaram a escrever o livro quando ainda não passava de um sonho.

Deram entrevistas para o livro: Albino Castro, Alessandro Merli, Aloísio Sotero, André Lara Resende, Angela Bittencourt, Antônia Levy, Antoninho Trevisan, Antônio Delfim Netto, Assis Moreira, Claudia Onaga, Claudia Safatle, Claudio Conceição, Cynthia Malta, Dirceu Brisola, Elio Gaspari, Fernando Abrucio, Fernando Moreira Salles, Francisco Mesquita, Francisco Vidal Luna, Glauco Antônio de Carvalho, Hérica Lene, Ismael Pfeifer, João Guilherme Vargas, João Roberto Marinho, João Santana, José Casado, José Marcos Konder Comparato, Klaus Kleber, Luiz Fernando Furlan, Luiz Gonzaga Belluzzo, Marco D'Alessandro, Mario Almeida, Maurílio Biaggi, Miriam Cassas, Miriam Cordeiro, Roberto Baraldi, Roberto Teixeira da Costa, Tom Camargo, Vera Brandimarte, Vicente Paulo da Silva, Walter Clemente, William Volpato, Wladimir Durães.